Der Autor ist Professor für Informatik an der Fachhochschule Bielefeld.
Der Inhalt des Buches ist stark an die Lehrveranstaltung des Moduls Informatik-I
angelehnt und richtet sich an Studierende ingenieurwissenschaftlicher Studiengänge.

Zum vorliegenden Buch:
Das Buch ist vorzugsweise als Begleitmaterial zur Vorlesung „Informatik-I" zu verwenden.

Viele Aspekte der Einführung in die Informatik und das Programmieren, die in einem
Buch, das in die Thematik einführt, normalerweise im ersten Kapitel Platz finden würden,
werden in der Präsenzlehrveranstaltung ausführlich besprochen. Daher ist dieses Buch
eher zum Selbststudium für die praktische Arbeit und Vorbereitung der Praktika und der
Prüfung gedacht.

ISBN-13: 978-1539134749
ISBN-10: 1539134741

Grundlagen der strukturierten Programmierung in C++

Wenn Sie Fehler, Ungenauigkeiten oder Ungereimtheiten im Skript entdecken, Sie der Meinung sind, dass sich ein Absatz nur schwer verstehen lässt oder Sie an einer bestimmten Stelle im Skript gern ein weiteres/modifiziertes Beispiel hätten, teilen Sie mir das bitte über meine Email-Adresse mit: lutz.gruenwoldt@fh-bielefeld.de oder sprechen Sie mich in der Lehrveranstaltung an. Ich freue mich über Ihre Anregungen und Ihr Feedback.

1. Wie geht Programmieren?

Programmieren hat viele Facetten. In der Regel fängt man damit an, sich Gedanken zu machen, wie man ein Problem mit Hilfe eines Computer-Programms lösen möchte.
Es sollen beispielsweise zwei Zahlen dividiert werden:

$$ergebnis = \frac{Zahl\_1}{Zahl\_2}$$

Nun ist zu klären:

- Woher kommen die beiden Zahlen? Wie gelangen sie in den Arbeitsspeicher des Rechners?
- Auf welche Weise können diese Zahlen verknüpft werden?
- Wie beziehungsweise wo wird das Ergebnis gespeichert bzw. ausgegeben?

Lösungsweg skizzieren!

Die Zahlenwerte könnten im Quellcode des Programms fest eingetragen werden. Das wäre aber sehr unflexibel. Eher werden die Werte vom Benutzer des Programms über Eingabegeräte (z.B. die Tastatur) eingegeben. Die Ausgabe des Ergebnisses kann über den Bildschirm erfolgen. Gleichzeitig könnte(n) das(die) Ergebnis(se) in einer Datei oder einer Datenbank gespeichert werden.

Lösungsweg Schritt für Schritt in Programmcode umsetzen.

Hat man also einen Plan für die Lösung seines Problems (im Kopf oder in der Regel auf einer Seite Papier), formuliert man diesen Lösungsplan (Algorithmus) mittels der **Syntax** (den Sprachmitteln und Regeln) einer Programmiersprache und erhält einen sogenannten Quelltext oder Quellcode[1]. Dazu kann man prinzipiell ein beliebiges Textverarbeitungsprogramm (Editor) verwenden. Komfortabler sind allerdings sogenannte integrierte Entwicklungsumgebungen (*IDE – Integrated Development Environment*), die neben einem Editor andere leistungsfähige Werkzeuge zur Programmentwicklung, wie z.B. einen Compiler und Linker zur Übersetzung eines Quelltextes in einen ausführbaren Binärcode oder einen Debugger zur Fehlersuche, enthalten. Beispiele dieser Entwicklungsumgebungen für die Programmiersprache C++ sind unter anderen:

Weitere Hilfsprogramme

- Microsoft's Visual Studio (Express-Version kostenlos verfügbar)
- C++ - Builder von Embacadero (früher Borland)
- Eclipse (Open Source) mit C++-Plugin

Ein vom Programmierer erstellter Quelltext muss, um das Programm ausführen zu können, in sogenannten Maschinen-Code (Binärzahlen-folgen) umgewandelt werden, da ein Digitalrechner nur Folgen von

Nullen und Einsen „versteht". Um einen Quelltext in Maschinen-Code umwandeln zu können, benötigt man, wie gesagt, weitere

---

[1] Die Erfahrung zeigt, dass die meisten Studierenden sich einfach an ihren Rechner setzen und beginnen, Quelltext in den IDE-Editor einzugeben. Sie probieren dann solange ihren Quellcode zu ändern, bis etwas funktioniert. Ein gangbarer Weg. Aber Sie werden feststellen, dass Sie auf diese Weise i.d.R. als Programmieranfänger sehr, sehr viel mehr Zeit benötigen, um eine Lösung eines Problems zu erreichen.

Hilfsprogramme wie einen Compiler und einen Linker. Das hört sich kompliziert an, kann aber in einer modernen Entwicklungsumgebung per Tastendruck sehr einfach realisiert werden. Man erhält ein auf einem Rechner ausführbares Programm.

Um dieses Programm auszuführen, muss es von einem anderen Programm des Betriebssystems z.B. von der Festplatte, einem Speicher-Stick etc. in den Arbeitsspeicher (*RAM – Random Access Memory*) des Rechners gebracht (geladen) werden. Im Allgemeinen passiert das durch einen Doppelklick auf den Programmnamen in einem Verzeichnis des ausführenden Rechners.

Der Rechner führt nun die einzelnen Anweisungen/Befehle des Programms aus und bearbeitet im Erfolgsfall die vom Programmierer beabsichtigte Problemstellung (z. B. die Lösung einer Gleichung, die Berechnung eines elektrischen Feldes, die Erzeugung einer Adressentabelle, die Übernahme von Tastatureingaben und deren grafische Darstellung, die Regelung einer physikalischen Größe, die Steuerung von Mikrocontrollern (Embedded Systems), die Verarbeitung von Bild- oder Audiodaten, die Verwaltung von Lagerbeständen ...).

1.1. Was sind Programmiersprachen?

Programmiersprachen gehören zu den *Formalen Sprachen.* Das sind von Menschen erdachte (künstliche) Sprachen mit einer Grammatik, die genau bestimmt, welche Gebilde Strukturen der Sprache (Textkürzel) sind (z.B. Steuerung von Maschinen). Es existiert eine Reihe vordefinierter (reservierter) Wörter (`if, else, for, while, return` etc.) für die Grundstrukturen der Sprache. Darüber hinaus kann der Programmierer selbst gewählte, lesbare, Wörter für eigene Variablen, Funktionen etc. benennen.

Reservierte Wörter der Programmier-Sprache

Die zugelassenen Zeichen und Zeichenfolgen (**Syntax**) und die Bedeutung der Zeichenfolgen (**Semantik**) müssen für die Sprache eindeutig festgelegt sein.
Die Übersetzung des Quelltextes (Programm) erfolgt mit Hilfsprogrammen wie einem **Compiler**- bzw. **Interpreter**- Programm.

Hilfsprogramme

Im Prinzip unterscheidet man dementsprechend sogenannte Compiler- und Interpreter-Sprachen. Bei Interpreter-Sprachen, wie PHP oder Perl aus dem Web-Umfeld, wird jede einzelne Zeile des Quelltextes separat gelesen und diese einzeln zur Laufzeit übersetzt. Compiler hingegen übersetzen den gesamten Quelltext (oft in einem mehrstufigen Verfahren) auf einmal in einen maschinen-/computer-lesbaren Code (Binär-Code → Folgen von Nullen und Einsen). Erst danach, zu einem späteren Zeitpunkt wird dieser Binär-Code (z.b. die Datei mit der Dateinamenserweiterung „.exe" bei Windows-Systemen) ausgeführt.

Ein Quelltext kann prinzipiell in Form von:

- Byte-Code (Maschinensprache),
- Assembler-Sprache oder einer
- Hochsprache oder höhere Programmiersprache

geschrieben werden.

Vom Programmcode zum ausführbaren Programm

Die **Maschinensprache** der Prozessoren (*CPU – Zentral Processing Unit*) gibt man als hexadezimal-codierte Zahlen über eine kleine Tastatur direkt in den Arbeitsspeicher des Prozessors ein. Das wird aber heute nur noch in wenigen Spezialfällen durchgeführt.

Etwas mehr Komfort bietet die sogenannte Assembler-Sprache. Der Programmierer schreibt den Quellcode unter Einbeziehung relativ weniger CPU-spezifischer Befehle (***Mnemonics***).

Assembler-programmierung

```
org 100h
 start:
    /* Move→Verschiebe eine Zahl in ein Prozessorregister
    */
    mov ax, cafeh
    mov cx, 1234h
    /* Exchange→Vertausche den Inhalt zweier Register */
    xchg cx,ax
    mov al, 0
    mov ah,4Ch
    /* Interrupt→Anzeige auf der Konsole */
    int 21h
```

Der Komfort des Assemblercodes gegenüber der reinen Maschinen-sprache zeigt sich beispielsweise darin, dass Speicheradressen als symbolische Namen angegeben werden. Ändern sich diese wird die Neuberechnung aller davon abhängigen numerischen Maschinen-adressen automatisch vom Assembler übernommen. Auch diese Art der Programmierung ist heute äußerst selten geworden und wird nur noch dort durchgeführt, wo es auf eine sehr hohe Verarbeitungs-geschwindigkeit ankommt.

Höhere Programmiersprachen wie C/C++, Java, Delphi/Pascal, PHP etc. stellen zahlreiche, teilweise sehr mächtige Befehlskonstrukte und Programmierstrukturen bereit, die den Programmierer bei der Lösung seiner mitunter komplexen Aufgaben unterstützen. Man unterscheidet bei den Hochsprachen im Wesentlichen imperative (strukturierte, prozedurale, funktionale), deklarative (funktionale, logische) und objektorientierte Sprachen. Je nachdem, welches Programmier-Paradigma (Programmierstil) umgesetzt werden soll.[Wikipedia]

Hochsprachen

Sprachen wie C oder C++ werden oft auch als maschinennahe Sprachen bezeichnet. Mit diesen kann man Programme sowohl zur Lösung komplexer Aufgabenstellungen als auch für Prozessor- oder Geschwindigkeitsoptimierte Problemlösungen entwickeln. Je mehr man sein Programm/Quellcode aber auf eine CPU/Maschine „zuschneidet", desto unflexibler ist die Lösung hinsichtlich der Portierung auf andere Systeme.

1.2. Warum verwenden wir C/C++?

Aufgrund unserer ingenieurtechnischen Ausbildung benötigen wir eine einfache Sprache mit Maschinen- und Hochsprachenelementen. Die Sprache C++ enthält den kompletten C-Standard.
UNIX-/Linux- und Windows-Betriebssysteme wurden in der Sprache C geschrieben.
C und C++ werden schon lange im industriellen Umfeld eingesetzt, sind weit verbreitet und werden gut unterstützt.
Anstelle der Sprache C setzt sich seit Jahren immer mehr C++ durch, da C++ unter anderem durch das Paradigma der Objektorientierung erweitert wurde und so die Möglichkeit bietet, effizienteren und besser wartbaren Code zu erstellen.

1.3. Programmentwurf

Es gibt zahlreiche Hilfsmittel, um im Entwicklungsstadium zwischen Problem-Analyse und Quellcode-Erstellung einzelne Programmabläufe zu strukturieren und zu visualisieren. Im Bereich der strukturierten Programmierung sind das z.B. Flusspläne oder Struktogramme und im Bereich der Objektorientierten Programmierung die Diagramme der „Unified Modelling Language" (UML), wie z.B. Klassendiagramme.

Für den Einstieg in die Programmierung sollen hier die übersichtlichen Struktogramme nach **DIN 66 261** verwendet werden.

Die grafischen Elemente sollen hier kurz vorgestellt werden. Außerdem finden Sie eine gute Zusammenstellung auch unter **[wikipedia]**.

Hinweis: Als Struktogramm-Editor eignet sich z.B. das Programm „Structorizer".[2]

Der Anweisungsblock

Der Anweisungsblock ist eine Folge von einzelnen Anweisungen, die von oben nach unten (sequentiell) abgearbeitet werden.

---

[2] http://structorizer.fisch.lu/

Die Alternativanweisung

Die Alternativanweisung liefert als Ergebnis einer Bedingung genau zwei Lösungswege. Ist die Bedingung wahr wird der Anweisungsblock 1 ausgeführt und im anderen Fall Anweisungsblock 2. Der zweite Anweisungsblock kann auch leer sein.

Die Mehrfachauswahl

Bei der Mehrfachauswahl gibt es nicht nur zwei sondern gleich mehrere Alternativen. Denken Sie nur einmal an eine Verkehrsampel oder einen Würfel!

Voraussetzung für das Funktionieren der Mehrfachauswahl ist, dass die Variable (Ordinalzahl) einen abzählbaren Wert repräsentiert. Das können ganze Zahlen oder die Buchstaben des Alphabets etc. sein. Der optionale Block ‚sonst' repräsentiert alle Werte, die nicht durch die Fälle 1 bis n abgedeckt wurden. Das könnte z.B. bei der Verkehrsampel der Fall sein, dass kein Licht leuchtet.

Wiederholung mit vorausgehender Bedingung (While-Schleife, For-Schleife)

Die While-Schleife ist wie die For-Schleife eine kopfgesteuerte Schleife. Das bedeutet, dass generell vor der Ausführung des Anweisungsblocks (Block) die im Kopf definierte Bedingung geprüft wird. Nur, wenn die Bedingung wahr ist, wird dieser Block ausgeführt.

Bei der For-Schleife ist a priori bekannt, wie oft der Anweisungsblock wiederholt werden soll. In der Laufanweisung muss der Startwert, die Bedingung für den Schleifenabbruch und die Schrittweite für jede Iteration angegeben werden.

Wiederholung mit nachfolgender Bedingung (Do-While-Schleife)

Die Do-While-Schleife ist eine sogenannte fußgesteuerte Schleife. Der Anweisungsblock wird auf jeden Fall einmal ausgeführt. Erst dann wird die Bedingung geprüft. Solange die Bedingung wahr ist, wird dieser Block wiederholt ausgeführt.

Was gehört **nicht** in ein Struktogramm?

Ein Struktogramm liefert die generelle programmiersprachenabhängige Lösung für einen Algorithmus. Insofern gehören **nicht** in ein Struktogramm:

- Das Einbinden von Bibliotheken,
- Der Quellcode für Ein- und Ausgaben oder gar Formatierungen der Ausgaben,
- Schlüsselwörter, deren Bedeutung durch das Struktogrammsymbol dargestellt wird (Bsp.: `if/else`, `while`, `do-while`, `for`, `switch/case` etc.).

Beispiel 1:

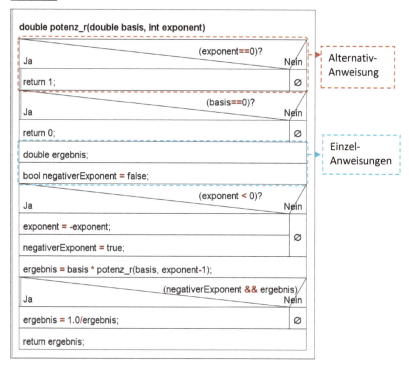

Beispiel 2:

bool wortListeAusDateiLesen(string &wortListenString, string dateiName)	
bool ok = true;	
char char;	
ifstream quelle;	
quelle.open(dateiName.c_str(), ios::in);	

(quelle.is_open())?	
Ja	**Nein**
(quelle.get(chr))	ok = false;
wortListenString.push_back(chr);	
quelle.close();	
return ok;	

While-Schleife

2. Grundlagen der Programmierung

Ein wichtiger Punkt bei der Programmierung ist die Ein- und Ausgabe von Informationen. Es gibt zwar auch Programme, z.B. bei Steuerungen von Systemen, die keine lesbaren Ausgaben produzieren, aber für unsere Zwecke ist das Feedback eines Programms schon wichtig.

Entweder verwendet man die sogenannte Konsolen-Ein- und Ausgabe oder eine grafische Benutzeroberfläche (GUI, für *graphical user interface*).

Zunächst werden wir ein Konsolenfenster als Dialog-Element für unsere ersten Programmierschritte verwenden.

Das einfachste C/C++-Programm besteht einzig aus der Funktion **main** (). Innerhalb dieser Funktion läuft das gesamte Programm ab. Die **main** ()-Funktion ist Bestandteil eines jeden Konsolenprogramms!

Eine Funktion in C/C++ ist dabei ein zusammengehöriger Quellcode, der aus einer oder mehreren Anweisungen bestehen kann. Er wird immer in geschweiften Klammern { . . . } eingeschlossen. Die geschweiften Klammern definieren einen Block, der weitere, auch verschachtelte Blöcke enthalten kann.

Es gibt mehrere Varianten, die Funktion **main** () aufzuschreiben (zu implementieren). Zwei davon werden hier zunächst kurz vorgestellt:

Variante 1 → `void main(void){}`

Variante 2 → `int main(void){ return 0; }`

Variante 3 → `int main(int argc, char *argv[]) { return 0; }`

Das Schlüsselwort **void** bezeichnet einen Datentyp und lässt sich am besten mit „leerer Datentyp" übersetzen. Dieser Datentyp wird auf zwei verschiedene Arten gebraucht. Zum einen steht er vor dem Funktionsnamen **main** und zum anderen in runden Klammern hinter dem Funktionsnamen.

Schlüsselwörter gehören zum Sprachumfang von C/C++. Es handelt sich dabei um vordefinierte (reservierte) Wörter, die man nicht für eigene Bezeichner (Variablen-, Funktionsnamen etc.) verwenden darf.

Im ersten Fall kennzeichnet **void** den so genannten Rückgabewert der Funktion. Die Wortfolge **void main** () bedeutet, dass die Funktion kein Ergebnis zurückliefert. Im zweiten Fall steht **void** in Klammern hinter dem Funktionsnamen. Das bedeutet, dass dieser Funktion zur Laufzeit keine Parameterwerte übergeben werden.

In Variante zwei ist der Rückgabewert eine Ganzzahl vom Typ **int** (Integer). In unserem Beispiel hat diese Ganzzahl den Wert 0. Die Anweisung **return** ist für die Rückgabe von Ergebnissen in Funktionen verantwortlich und beendet im Anschluss daran die Funktion. Das Beenden der Funktion **main** () hat immer das sofortige

[12]

Programmende zur Folge.

Die Anweisung `return` kann auch wie folgt verwendet werden →
`void main(void){ return; }`

Dieser Einsatz ist immer dann sehr praktisch, wenn irgendeine
Bedingung eingetreten ist, die es erforderlich macht, eine Funktion
sofort zu verlassen. Bei dieser Variante hat die Funktion **`main`**()
keinen Rückgabewert. Also darf sie auch keinen Wert zurückgeben.

Die dritte Variante hat zwei Parameter. Der erste Parameter ist ein
Ganzzahlwert, der angibt, wieviele Zeichenketten-Parameter das
nachfolgende Feld beinhaltet. Diese Parameter der main-Funktion
werden auch als Kommandozeilenparameter bezeichnet.

2.1. Ein einfaches Konsolen-Programm

Als Einstieg soll ein einfaches Programm geschrieben werden, dass uns
im Informatik-Kurs begrüßen soll. Das Programm soll sowohl als C- als
auch als C++-Variante implementiert werden.

Begrüßungsprogramm in C

```
#include <stdio.h>   /* Einbinden der Bibliothek, in der
                        die Funktion printf() definiert ist*/

int main(void)
{
     /* Textausgabe */
     printf("\n Willkommem im Informatik-Kurs!\n");
     return 0;
}
```

Für die Textausgabe ist die C-Funktion `printf()` verantwortlich. Mit
Hilfe des Steuerzeichens '`\n`' (*new line*) wird vor und nach der Ausgabe
des Textes ein Zeilenvorschub veranlasst.

Die `printf()`-Funktion ist in der so genannten Header-Datei der C-
Bibliothek für Standard-Ein- und -Ausgaben deklariert. Diese Datei trägt
den Namen `stdio.h`. Durch die Anweisung `#include`
`<stdio.h>` *wird* veranlasst, diese Zeile durch den Inhalt der Datei
`stdio.h` zu ersetzen.

Durch die Zeichenfolge `/*` ... `*/` lassen sich Kommentare in das
Programm einfügen. Kommentare sind nur im Quelltext zu sehen. Der
Compiler ignoriert alle Kommentare und übersetzt das Programm ohne
Kommentare und Leerzeilen.

Im Anschluss daran wird das Programm kompiliert und zur Ausführung
gebracht.

*__Hinweis__: Zum Einlesen von Zeichen von der Tastatur des Computers
verwendet man in der Programmiersprache C häufig die Funktion
`scanf()`, die ebenfalls in der C-Bibliothek für Standard-Ein- und –
Ausgaben (`stdio.h`) implementiert ist.*

Begrüßungsprogramm in C++

In der C++-Konsolen-Variante sieht das Begrüßungsprogramm folgendermaßen aus (Die Erklärungen zu den einzelnen Anweisungen folgen später im Text.):

```cpp
// Einbinden der C++-Bibliothek für Ein-/Ausgaben
#include <iostream>
// Standard-Bibliothek für die Funktion system()
#include <cstdlib>

using namespace std;     /* Verwendung des Standard-
                            Namensraums */

int main(void)
{
    cout << endl << " Willkommem im Informatik-Kurs!"
         << endl << endl;
    system("Pause");   // Programmunterbrechung
    return 0;

}
```

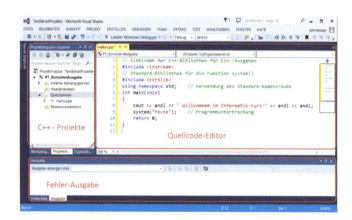

Die Textausgabe wird nun von cout ausgeführt. Das Objekt cout ist standardmäßig ein mit dem Bildschirm verbundener Ausgabestrom. Während printf() eine Funktion ist, handelt es sich bei cout um ein C++-Klassenobjekt. Klassen werden in einem späteren Kapitel behandelt. Die Definition dieser Klasse findet sich in der Header-Datei iostream. Um einen Zeilenvorschub zu erreichen, könnte man auch in diesem Fall das Steuerzeichen '\n' verwenden. Die Anweisung endl (*end line*) führt aber zum gleichen Ergebnis.

Ein Kapitel zu Entwicklungsumgebungen, deren Installation und Verwendung finden Sie im Anhang.

Da es sich, wie der Bibliotheksname nahelegt, bei den Ein- und Ausgaben um Datenströme handelt, muss ein sogenannter Strom-Operator für die Ausgabe ('<<') verwendet werden. Dieser Operator „schiebt" die Daten in den Ausgabestrom.

Die Ausgabe könnte dann folgendermaßen aussehen:

```
Willkommem im Informatik-Kurs!
Drücken Sie eine beliebige Taste . . .
```

2.2. MS-Visual Studio 2013 und 2015

In der Lehrveranstaltung verwenden wir die Entwicklungsumgebung (IDE) Visual Studio 2015, die Sie über die Web-Seite der DVZ unserer Hochschule frei herunterladen und auf Ihrem Rechner installieren können. Sie benötigen für unsere Lehrveranstaltung Informatik-1 nur die C++-Programmteile der IDE. Im kommenden Semester arbeiten wir aber mit der Programmiersprache C#. Insofern scheint es sinnvoll zu sein, dass Sie auch diese Sprache installieren lassen.

Definieren Sie sich ein Verzeichnis auf Ihrem Rechner, indem Sie alle Programmierprojekte des Semesters speichern wollen. Tragen Sie dieses Verzeichnis als Projektspeicherort in die IDE ein. Die Speicherorte für die Benutzerprojektvorlagen und die Benutzerelementvorlagen ändern Sie nicht!

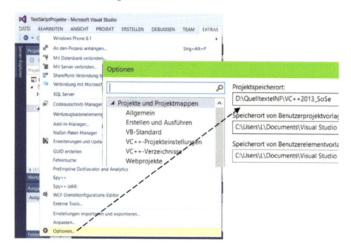

Projekt-
Speicher-Ort
festlegen

Anlegen eines
neuen Projektes

Klicken Sie auf „Projekt" und legen Sie für die Projektmappe und das Projekt jeweils einen Namen fest. Die beiden Namen werden nachfolgend im Verzeichnisbaum Ihres Projekts als Verzeichnisse eingerichtet. Sie können sich das mit Ihrem Datei-Explorer anschauen.

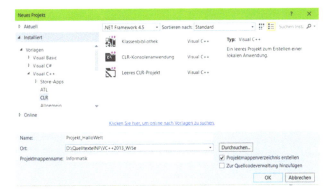

Da wir den Projektspeicherort voreingestellt haben, wird dieser hier auch automatisch angezeigt.

Wählen Sie aus dem Ordner „Visual C++ → CLR" die Vorlage „Leeres CLR-Projekt" aus und bestätigen Sie Ihre Auswahl mit OK. Damit werden die Projektverzeichnisse auf Ihrem Rechner erstellt und Dateien angelegt, in denen die Struktur Ihres Projektes hinterlegt ist.

Als nächstes müssen Sie Ihrem Projekt im Ordner Quelldateien ein „Neues Element" (Quelltextdatei) „Hinzufügen" (Rechte-Maus-Taste).

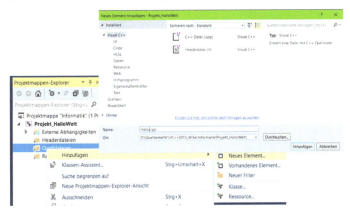

Die auszuwählende Vorlage ist die C++-Datei. Geben Sie dieser Datei, die Ihren Quelltext aufnehmen wird, einen passenden Namen. Wenn Sie diesen Prozess mit der Taste „Hinzufügen" abschließen, sehen Sie in Ihrer IDE den sich öffnenden Quellcode-Editor.

Tragen Sie im Editor den folgenden Quellcode ein:

```
int main(void){return 0;}
```

Damit ist der Quellcode als C++-Programm lauffähig und kann vom

Compiler übersetzt und vom Betriebssystem ausgeführt werden. Diese letzten beiden Schritte erreichen Sie einfach, wenn Sie auf den grünen Pfeil „Lokaler Windows-Debugger" der IDE klicken.

Die in diesem Abschnitt dargestellten Schritte werden Sie nun in gleicher Art und Weise für jedes Projekt in diesem Semester wiederholen. Der Ablauf wird schnell zur Routine werden.

Aufgaben:

- Legen ein Verzeichnis auf der Datenpartition Ihres Rechners für die Quelltexte an und stellen Sie unter „Extras"/"Optionen"/"Projekte und Projektmappen" diese Verzeichnis als „Projektspeicherort" ein!

- Erstellen Sie in einem Projektordner „Informatik" ein neues Projekt „Projekt1" mit VS-2015 C++!

- Führen Sie den Mauszeiger im Projektmappen-Explorer über den Ordner „Quelldateien", drücken Sie die rechte Maustaste und wählen Sie „Hinzufügen"/"Neues Element" aus! Fügen Sie Ihrem Projekt eine C++-Datei hinzu!

- Schreiben Sie im Quelltexteditor in diese Datei den folgenden Quelltext: `int main(void) { return 0; }`

- Speichern Sie das Projekt über den ShortCut oder über das Menü „Datei"/"Alles Speichern"!

- Klicken Sie auf den grünen Pfeil „Lokaler Windows-Debugger"!

- Schauen Sie sich die Dateien an, die von der IDE in Ihrem Projektverzeichnis erstellt wurden! Suchen Sie die Datei mit Ihrem Quelltext!

2.3. Zeichensatz der Programmiersprache

Die Programmiersprache C/C++ enthält im Sprachumfang
Schlüsselworte (`if, else, while, for` etc.) als festen
Bestandteil der Sprache, die unveränderbar in ihrer Bedeutung sind
und nicht für Namen eigener Variablen oder Funktionen verwendet
werden dürfen.

Schlüsselwörter sind fester Bestandteil der Sprache und unveränderbar
in ihrer Bedeutung!

```
and            and_eq      asm       auto        bitand
bitor          bool        break     case        catch
char    class  compl       const     const_cast
continue       default     delete    do          double
dynamic_cast               else      enum        explicit
export         extern      false     float       for
friend         goto        if        inline      int
long           mutable     namespace             new
not            not_eq      operator              or
or_eq          private     protected             public
register       reinterpret_cast      return
short          signed      sizeof    static
static_cast    struct      switch    template    this
throw          true        try       typedef     typeid
typename       union       unsigned              using
virtual        void        volatile              wchar_t
while          xor         xor_eq
```

Bezeichner sind selbstgewählte Namen für eigene Konstanten,
Variablen, Funktionen etc. Ein Bezeichner beginnt generell mit einem
Buchstaben oder dem Unterstreichungszeichen und kann Buchstaben,
Ziffern, Unterstreichungszeichen enthalten. Die Länge eines
Namens/Bezeichners ist beliebig. Der Compiler unterscheidet nach
Groß-/Klein-Schreibung! Ein gültiger Bezeichner für eine Variable wäre
also z.B.:

> `_sekundenProMinute`

Wählen Sie für eigene Bezeichner (z.B. für Variable) ausdrucksstarke
Namen!

Zu den **Spezialsymbolen** der Sprache gehören bspw. die *Operatoren* (+
– * / = < > <= >=! % & | ^), *Klammern* ([ ] ( ) { })
und andere Symbole (_ ; , . : # ? ~).

Weiterhin kennt die Sprache Zahlen-, Zeichen- und
Zeichenkettenkonstanten. **Zeichenketten** sind in Hochkommata ("")
eingeschlossene Zeichenfolgen, wie z.B. `"Willkommen!"`.

Kommentare (`/*`, `*/`, `//`) dienen der sogenannten Inline-
Dokumentation von Programmen.

Darüber hinaus können natürlich **Buchstaben** (A ... Z, a ... z, _), **Ziffern**

(0, ..., 9) und **Steuerzeichen** verwendet werden.

2.3.1. Kommentare

Kommentare dienen eigentlich der Programmdokumentation, wie die folgenden Beispiele zeigen:

```
/* Sortieren durch Vertauschen der Feldelemente */
```

oder:

```
/* Parameter: Fläche in cm^2 */
```

Mach Entwickler vertritt die Meinung, dass sich guter Quellcode selbst erklärt und deshalb die meisten Kommentare deshalb überflüssig sind. Das mag im Bereich der professionellen Programmierung bis zu einem gewissen Grad in bestimmten Bereichen zutreffen.

Für Sie haben diese Stimmen allerdings kaum Bedeutung, da Sie sich in der Phase des Lernens befinden.

Zur Problematik "Kommentare" schreibt Willms [Wil2008] S.55: *„Auch wenn die meisten Programmierer ihre Wichtigkeit ungerne zugeben und sich häufig mit Händen und Füßen dagegen wehren, sie zu schreiben, sollten Kommentare ein elementarer Bestandteil eines jeden Programms sein."*

Kommentare im Programm-Code sind wichtig!

Kommentare sollten also auf jeden Fall dazu dienen, dem Leser des Quelltextes (also z.B. Ihrem Kollegen) zu helfen, die einzelnen Schritte einer programmtechnischen Lösung nachvollziehen zu können.

Solange für Sie Programmierung noch ein weitgehend „unbekanntes Feld" ist, sollten Sie viele Kommentare in Ihren Quellcode einbringen. Auch der hier integrierte Beispielcode ist ein wenig überkommentiert, damit Sie besser nachvollziehen können, was in den einzelnen Anweisungen passiert. Merken Sie sich einfach, dass ein guter Kommentar die Absicht des Programmierers erläutern soll.

Sprachtechnisch gibt es zw ei Arten von Kommentaren, die Sie einsetzen können. Erstreckt sich ein Kommentar über mehrere Zeilen, können Sie die Kommentar-Zeichen der Sprache C verwenden. Ein Kommentar muss dann immer mit einem Kommentarzeichen eingeleitet und abgeschlossen werden.

Kommentar über mehrere Zeilen:

```
/* mehrzeiliger Kommentar.............
   noch mehr Kommentar................ */
```

Alles, was sich zwischen diesen Zeichen befindet, wird vom Compiler ignoriert, ist also nicht Bestandteil des Maschinen-Codes (des ausführbaren Programms).

In C++ wurde der Doppel-Slash eingeführt. Erstreckt sich ein Kommentar nur über eine Zeile, dann bietet sich dieser an. Der Kommentar reicht dann vom Kommentarzeichen ('//') bis zum Ende der Zeile.

Kommentar in einer Zeile:

```
// Kommentarzeile oder Kommentar hinter einer Anweisung
```

2.3.2. Datentypen

Man unterscheidet in die Programmiersprache „eingebaute" und benutzerdefinierte Typen. Zu den eingebauten Typen gehören die Grunddatentypen, der schon erwähnte **void** – Typ, Zeiger und Referenzen.

Bei den benutzerdefinierten Typen unterscheidet man Array, Aufzählungstyp (**enum**), Struktur (**struct**) und Klasse (**class**).

In der folgenden Abbildung ist eine Übersicht der Grunddatentypen dargestellt:

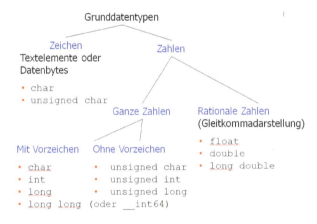

2.3.3. Wertebereiche der Datentypen

Der **sizeof**-Operator liefert die Größe eines Objekts oder Datentyps relativ zur Größe des Datentyps **char**.

Typ	Byte	Wertebereich (signed)	Wertebereich (unsigned)	Nach-komma-stellen
`[un]signed char`	1	-128 … 127	0 … 255	-
`[un]signed short [int]`	2	-32.768 … 32.767	0 … 65.535	-
`[un]signed int`	4	-2.147.483.648 … 2.147.483.647	0 … 4.294.967.295	-
`[un]signed long [int]`	8	-2^{63} … 2^{63}-1	0 … 2^{64}-1	-
`long long`	8	-9.223.372.036.854.775.808 … +9.223.372.036.854.775.807		
`float`	4	-	$\pm 3.4^{\pm 38}$	7

double	8	-	$\pm 1.7^{\pm 308}$	15
long double	10	-	$\pm 1.7^{\pm 4932}$	19
bool		-	true, false	-

Allgemein gelten die folgenden Relationen:

```
1 == sizeof(char) <= sizeof(short) <= sizeof(int) <=
sizeof(long)
```

```
1 <= sizeof(bool) <= sizeof(long)
sizeof(char) <= sizeof(wchar_t) <= sizeof(long)
sizeof(float) <= sizeof(double) <= sizeof(long double)
```

Weiterhin gilt:

`char` → mindestens 1 Byte
`short` → mindestens 2 Byte
`long` → mindestens 4 Byte

2.4. Basisoperationen mit Numeralen

Der folgende Abschnitt widmet sich den so genannten numerischen Literalen (auch Numerale genannt), den Variablen und deren Werten.

2.4.1. Grundrechenarten

Zunächst soll der Umgang mit numerischen Literalen demonstriert werden. Für alle vier Grundrechnungsarten gibt es in C++ einen arithmetischen Operator (+, -, *, /).

Bei Addition, Subtraktion und Multiplikation von Numeralen erhält man stets korrekte Ergebnisse, solange mit der Operation nicht der Zahlenbereich überschritten wird.

Bei der Division von ganzen Zahlen entsteht in C/C++ ein ganzzahliges Ergebnis. Eventuell vorkommende Nachkommastellen werden ignoriert. Betrachten Sie das folgende Beispiel. Rein rechnerisch ergibt die Division zwischen den Numeralen 12 und 5 das Ergebnis 2,4.

Dezimaltrennzeichen → Dezimalpunkt

```
12 / 5 = 2.4
```

Hinweis: Im Quellcode der Programmiersprache C/C++ muss anstelle des Dezimalkommas immer der Dezimalpunkt verwendet werden!

Tatsächlich aber erhält man als Ergebnis:

```
12 / 5 = 2
```

In den meisten Fällen ist der Nachkommateil aber wichtig und soll nicht „unter den Tisch fallen". In diesen Fällen müssen Sie den Compiler anweisen, eine Gleitpunktdivision durchzuführen. Im einfachsten Fall erreicht man dies, indem man einen der beiden Operanden oder gleich beide in ein Gleitpunkt-Numeral umwandelt:

```
12.0 / 5.0 = 2.4
12.0 / 5 = 2.4
12 / 5.0 = 2.4
```

[22]

2.4.2. Der Modulo-Operator

So wie die Ganzzahl-Division nur das ganzzahlige Ergebnis der Operation liefert, ergibt die Modulo-Division nur den ganzzahligen Rest einer Division. Beide Operatoren gehören also irgendwie zusammen.

```
3 / 2 = 1
```

Den ganzzahligen Rest erhält man mit der Modulo-Division (Operator ‚%'):

```
3 % 2 = 1
```

In Worten: Drei dividiert durch zwei ergibt 1. Es bleibt ein ganzzahliger Rest von 1. ‚Hängt' man an den ganzzahligen Rest eine Null (hier: 10) und dividiert noch einmal durch zwei erhält man fünf, das Nachkommaergebnis.

2.5. Was sind Variable und wozu werden sie benötigt?

Variable gehören so ziemlich zum Wichtigsten eines Rechnerprogramms. Sie bezeichnen Speicherplätze im Arbeitsspeicher eines Computers. Dem Betriebssystem, das für die Organisation des Arbeitsspeichers verantwortlich ist, muss mitgeteilt werden, wie viel Speicherplatz (1 Byte = 8 Bit) eine Variable belegen soll. Das wird programmtechnisch bewerkstelligt, indem man mitteilt, von welchem Datentyp eine Variable sein soll. Man nennt diesen Vorgang auch „**Deklaration** einer Variable".

```
<DatenTyp> <name 1>, <name 2>, ..., <name n>;
```

Beispiel:

```
int zahl;   /* Deklaration einer Integer-Variable
                oder
int wert1, wert2, wert3; /* hier werden drei
                            Integer-
                            Werte deklariert */
```

Im ersten Fall wird festgelegt, dass für die Variable zahl im Arbeitsspeicher des Rechners vom Betriebssystem zur Laufzeit des Programms vier Byte zur Verfügung gestellt werden müssen. Der Name dieser Speichplatzregion (4 Byte) wird mit dem Bezeichner zahl festgelegt. Über diesen Namen kann diesem Speicherplatz (dieser Variablen) nun ein Wert zugewiesen werden.

```
zahl = 49;  /* Zuweisung eines Wertes an eine
                Variable */
```

Deklaration einer Variable und Zuweisung eines Wertes (Initialisierung) können auch in einer Anweisung erfolgen. Man spricht dann von der „**Definition** einer Variable":

```
//Definition einer Gleitpunktvariablen
float temperatur = 18.7;
```

Nachdem geklärt ist, was Variablen sind, stellt sich die Frage, wozu wir Variablen benötigen.

[23]

Der Vorteil von Variablen besteht darin, dass man ihnen im Verlauf des Programms verschiedene Werte zuweisen kann. Als Beispiel soll die Summe der Zahlen von eins bis fünf gebildet werden.

Dazu benötigen wir eine Ganzzahl-Variable, die das Summenergebnis aufnehmen wird. Nachfolgend werden der Variable die Zahlenwerte zugewiesen (Initialisierung). Das geschieht mit dem Zuweisungsoperator   (= → dem Gleichheitszeichen).

```
int summe = 1;      //Definition Ergebnisvariable
summe = summe + 2;      //Wert von Summe wird 3
summe = summe + 3;      //Wert von Summe wird 6
summe = summe + 4;      //Wert von Summe wird 10
summe = summe + 5;      //Wert von Summe wird 15
```

Wie man sehen kann, wird der Variable summe in jedem Schritt ein neuer Wert zugewiesen, indem zum bisherigen „alten" Variablen-Inhalt einer neuer Wert hinzuaddiert wird. Es gibt natürlich elegantere Lösungen, um dasselbe Ergebnis zu erreichen. Dazu kommen wir aber später im Abschnitt über Schleifen-Konstrukte.

Zusammenfassend wird festgehalten, dass eine Variable durch ihren Datentyp, Namen (Bezeichner), Wert und ihre Speicheradresse (nach erfolgreicher Deklaration) definiert wird.

Hinweise:

- *Variablen sollten **immer lokal** in einem Anweisungsblock ({ ... }) deklariert werden!*

- *Der Name einer Variablen beginnt immer mit einem **Kleinbuchstaben**!*

2.6. Spezielle Operationen auf Variable

2.6.1. Inkrement- und Dekrement-Operatoren

Will man den Wert einer Variablen `zahl` vom Datentyp **int** um den Wert 1 erhöhen (inkrementieren), kann das wie im Folgenden realisiert werden:

```
zahl = zahl + 1;
```

Der „alten" Inhalt des Speicherplatzes, der durch den Bezeichner `zahl` referenziert wird, wird in den Prozessor geladen, um den Wert 1 vergrößert und dem Speicherplatz erneut zugewiesen.
Umgangssprachlich könnte man das dann folgendermaßen ausdrücken: „Der neue Wert der Variable `zahl` ergibt sich aus dem alten Wert von `zahl` plus eins."

Alternativ kann der so genannte Inkrement-Operator (++) verwendet werden:

```
zahl++;
```

Um dieselbe Variable um den Wert 1 zu vermindern (zu dekrementieren), hat man die folgenden Alternativen zur Auswahl:

```
zahl = zahl - 1; oder  zahl--;
```

Die Inkrement- oder Dekrement-Operatoren lassen sich in zwei Varianten einsetzen. Wird der Operator vor den Variablennamen geschrieben nennt man das Präfix-Notation, folgt er der Variablen handelt es sich um die Postfix-Notation.

Präfix-Notation

Bei der Präfix-Notation wird im folgenden Beispiel der Wert von x vor (!) der Zuweisung an die Variable y um eins erhöht:

```
x = 5;
y = ++x;   // y und x speichern beide den Wert 6
           // Inkrement-Bildung vor der Wertzuweisung
```

Postfix-Notation

Bei der Postfix-Notation wird im folgenden Beispiel der Wert von x erst nach (!) der Zuweisung an die Variable y um eins erhöht:

```
x = 5;
y = x++;   /* y speichert den Wert 5, x den Wert 6
           Inkrement-Bildung nach der Wertzuweisung */
```

2.6.2. Spezielle Kurzschreibweisen für Operatoren

Anstelle der Zuweisung

```
zahl = zahl + 5;
```

Wenn Sie sich etwas Schreibarbeit sparen wollen, können Sie folgende Variante verwenden:

```
zahl += 10;
```

Die Operatoren ‚=' und ‚+' werden zu einem neuen Operator zusammengefasst. Es kommt zu einer Erweiterung des Zuweisungsoperators.

Hier folgt eine kurze Auflistung derartiger Operator-Kurzschreibweisen:

```
+=    → Addition;
-=    → Subtraktion
*=    → Multiplikation
/=    → Division
%=    → Modulo-Rechnung
```

Die Erfahrung zeigt, dass man zumindest zu Beginn einer Programmierer-Karriere derartige ‚smarte' Schreibweisen vermeidet, da sie gewöhnungsbedürftig sind.

2.7. Konstanten

Konstanten können vereinbart werden, indem der Deklaration das Schlüsselwort **const** vorangestellt wird.

Hinweis: Konstanten müssen bei ihrer Deklaration initialisiert werden!

Beispiele:

```
const int MWST = 19; //Initialisierung mit dem Wert 19
const double PI = 3.14159; /* Initialisierung mit dem
                    Gleitpunktwert 3.14159 */
```

Für Namen von Konstanten sollten nur **Großbuchstaben** verwendet werden. So kann man sie auch in längeren Quelltexten optisch gut von Variablen unterscheiden.

Großbuchstaben für Konstanten-namen

Hinweis: Konstanten können lokal oder global definiert werden, da sie nach ihrer Definition ja nicht mehr geändert werden können.

2.8. Operatoren

In der folgenden Tabelle werden die in C/C++ eingebauten Operatoren, deren Bedeutung bzw. Wirkung und deren Ergebnis vorgestellt.

Operation (Beisp.)	Bedeutung, Wirkung	Wert
a+b	Addition	a+b
a-b	Subtraktion	a-b
a*b	Multiplikation	a*b
a/b	Division	a/b
a%b	Modulo (nur für int)	a mod b
-a	unäres Minus	-a
a=b	Zuweisung	b
a+=b	a = a+b	a+b
a-=b	a = a-b	a-b
a*=b	a = a*b	a*b
++a	a = a+1	a+1
a++	a = a+1	a
--a	a = a-1	a-1
a--	a = a-1	a
a<b	kleiner	a<b?
a>b	größer	a>b?
a<=b	kleiner oder gleich	a<=b?
a>=b	größer oder gleich	a>=b?
a==b	gleich	a=b?
a!=b	ungleich	nicht a=b?
~a	bitweises NICHT	~a
a&b	bitweises UND	a&b
a|b	bitweises inklusives ODER	a|b
a^b	bitweises exklusives ODER	a^b
a<<b	schiebe a um b Stellen nach links	a<<b
a>>b	schiebe a um b Stellen nach rechts	a>>b
!a	logisches NICHT	NICHT a
a&&b	logisches UND	a UND b
a||b	logisches ODER	a ODER b

`a?b:c`	arithmetische Bedingung	wenn a, dann b, sonst c
`a,b`	erst a, dann b auswerten	b
`sizeof a`		Größe von Objekt a
`sizeof(t)`		Größe von Typ t

Hinweis: Häufig wird von Programmieranfängern der Zuweisungsoperator (=) mit dem Vergleichsoperator (==) verwechselt. Die Programmiersprache C/C++ fordert für einen Vergleich von zwei Werten auf Gleichheit immer die Verwendung des doppelten Gleichheitszeichens (==)!

Präzedenz (Vorrang) der Operatoren:

Bei den Operatoren in einer Zeile handelt es sich um gleichrangige Operatoren. Die Auswertung durch den Compiler wird dann entsprechend der Assoziativität (Links oder rechts) entschieden.

Operator
`::`
`.   ->   []`
`sizeof   ++lvalue   --lvalue   ~   !   -   +   &` `*   new   delete   (typ)`
`->*   .*`
`*   /   %`
`+   -`
`<<   >>`
`<   <=   >   >=`
`==   !=`
`&`
`^`
`|`
`&&`
`||`
`?   :`
`=   *=   /=   %=   +=   -` `=   <<=   >>=   &=   |=   ^=`
`,`

*Hinweis: Für ein vertiefendes Selbstudium wird auf das Kapitel 6 „Operatoren" **[WOLF_C]** verwiesen.*

Aufgaben:

- Legen Sie ein neues Projekt an, um Flächenberechnungen durchzuführen! Sie müssen das neue Projekt als **Startprojekt** markieren, wenn es sich im selben Projektordner wie das vorhergehende befindet!
- Definieren Sie wiederum in einer Cpp-Datei im Ordner „Quelldateien" die `main()`-Funktion!
- Kommentieren Sie ganz „oben" auf dieser Seite den Kontext Ihres Programms (Was („Flächenberechnung von Kreisen"), Wer: Sie, Wann: Datum)!
- Definieren Sie unterhalb dieses Kommentarkopfes eine Konstante `PI` vom Datentyp **double** und weisen Sie ihr den Wert 3.1415926 zu! Kommentartext dieser Anweisung: „Konstante: gerundeter Wert der Kreiszahl pi".
- Definieren Sie eine Variable `radius1` vom Datentyp Integer (**int**) und weisen Sie dieser Variablen den Wert 5 zu! Kommentartext dieser Anweisung: „Kreisradius".
- Deklarieren Sie eine zweite Variable `flaeche` vom Datentyp Gleitpunktzahl (**double**) und weisen Sie dieser in einer weiteren (!) Anweisung das Ergebnis der Berechnung der Kreisfläche ($\pi * r^2$ → `PI*radius1*radius1`) zu! Kommentartext dieser Anweisung: „Flächenberechnung Kreis".
- Setzen Sie einen Haltepunkt auf die Flächenberechnung und schauen Sie sich den Inhalt der in der Anweisung davor deklarierten Variable `flaeche` vor der Ausführung der Flächenberechnung im Hauptspeicher an! Was ist das für ein Wert, der zu dieser Zeit in der Variablen gespeichert? Führen Sie im Schrittbetrieb die nächste Anweisung aus und beobachten Sie die Änderungen am Wert der Variablen `flaeche`.
- Fügen Sie zwischen der Flächenberechnung und der `return`-Anweisung eine weitere Variablendefinition für einen zweiten, kleineren Radius `radius2` ein und weisen Sie dieser Variablen den Wert 3 zu! Konstante π
- Weisen Sie das Ergebnis der Berechnung der Kreisringfläche ($\pi * (r_2{}^2 - r_1{}^2)$) zu! Kommentartext dieser Anweisung: „Flächenberechnung Kreisring"!
- Speichern Sie die Änderungen und betrachten Sie das Ergebnis!
- Die Konstante π wird übrigens als **M_PI** in der Bibliothek <math.h> bzw. <cmath> vorgehalten. Um diese Konstante (und weitere) zu verwenden, müssen Sie nach dem Kommentarkopf ihrer Cpp-Datei den folgenden Quellcode einbinden:

```
#define _USE_MATH_DEFINES
#include <math.h>
```

2.9. Komplexere Datentypen

2.9.1. Array (automatische Variable → C-Array)

Ein Array oder Feld ist eine Container-Variable, die im Prinzip beliebig viele Werte eines Datentyps aufnehmen kann. Zur Angabe der Feldgröße in eckigen Klammern muss ein ganzzahliges positives Numeral oder eine Konstante verwendet werden. Eine Variable ist hier nicht erlaubt!

Es gibt alternative Möglichkeiten eine Array-Variable zu deklarieren:

```
<DatenTyp> <feldName> [<Größe>];
<DatenTyp> <feldName> [<Größe1>][<Größe2>]..[<GrößeN>];
<DatenTyp> <feldName> [<Größe1>,<Größe2>, ...,<GrößeN>];
```

Beispiele:

```
int vector[10];    //eindimensionales Feld (Vektor)
int matrix[20][10];//zweidimensionales Feld (Matrix)
```

Die Initialisierung einer Feld-Variablen kann ebenfalls direkt bei der Deklaration erfolgen.

Beispiele:

```
int vector[5]={0}; //belegt alle Felder mit Wert 0
int vector[5]={2, 990, -1, 6, 34};
int vector[5]={2, 990}; /* nicht initialisierte
                           Elemente werden mit dem
                           Wert 0 initialisiert */
```

Der Zugriff auf ein einzelnes Feldelement erfolgt über den Feldnamen und die Angabe des Element-Indexes:

```
int zahl = vector[3];
```

Die Index-Zählung beginnt bei einer Array-Variablen immer bei Null. Hat man also ein Feld mit 10 Feldelementen deklariert, reichen die Indizes von 0 bis 9.

Hinweis: Eine Array-Variable beginnt immer bei Element `feld[0]`. *Das letzte Feld-Element einer Array-Variablen ist somit das Element* `feld[ElementeAnzahl-1]`.

Auf die Angabe der Feldgröße kann verzichtet werden, wenn man der Array-Variable bei der Initialisierung alle Werte übergibt, die sie speichern soll:

```
int liste[] = {12, -5, 3, 56, -3};
```

*Hinweis: Eine Array-Variable erkennt man immer an den **eckigen** Klammern!*

Aufgaben:

- Deklarieren Sie eine automatische Array-Variable (C-Array) vom Datentyp **float**, das 15 Feldelemente aufnehmen kann!

- Initialisieren Sie die ersten fünf Feldelemente!

- Setzen Sie einen Haltepunkt auf die `return`-Anweisung und schauen Sie sich den Inhalt der in der Anweisung davor deklarierten Feld-Variable im Hauptspeicher an!

- Kann man am Feldinhalt erkennen, wieviele Elemente von Ihnen mit Werten initialisiert wurden?

- Was muss man also konsequenterweise wissen, um bei einer Ausgabe der Feldelemente auf der Konsole nur die von Ihnen initialisierten Elemente auszugeben?

2.9.2. Zeichenkette (String)

Eine Zeichenkette oder String ist eine Folge mehrerer, in Hochkommata eingeschlossener, Zeichen. Eine Zeichenkette ist einem Array vom Datentyp **char** vergleichbar. Diese Art von Zeichenkette wird auch als C-String bezeichnet. Eine Besonderheit gegenüber einem ‚normalen' **char**-Array besteht darin, dass ein C-String stets mit einem Endekennzeichen (‚\0' → Steuerzeichen ASCII 0) abgeschlossen werden muss. Man nennt diese Art von Zeichenketten auch ‚**null terminierter String'.**

Abschluss von Zeichenketten mit '\0'

Sonderformen dieses Typs sind so genannte leere Zeichenketten oder die Zeichenkette mit nur einem Zeichen.

Beispiele:

```
"Stefan"
"MessWert: 7"
""      //Leere Zeichenkette
'x'     //Einzelnes Zeichen → einfache Hochkommata
```

In Zeichenketten dürfen beliebige Zeichen vorkommen. Im Folgenden sehen Sie einige Beispiele für die Definition von C-Strings:

```
/*sicher → Entwickler kümmert sich selbst um korrekte
Zuweisung */
char str[4] = "abc\0";

/*!sicher → Compiler zählt selbst! Symbol ‚\0' wird
automatisch an diesen String angefügt */
char str[] = "abc";

//möglich, aber umständlich
char str[4] = {'a','b','c','\0'};

/*!falsch, da kein Speicherplatz für
Endekennzeichen!*/
char str[3] = "abc";
```

Möglichkeiten der Definition einer Zeichenkette.

Hinweis: Die direkte Zuweisung einer Zeichenkette an eine C-String-Variable (char-Array) ist nur bei der Deklaration dieser Variablen erlaubt!

Der Zugriff auf einzelne Zeichen eines C-Strings `str` erfolgt, wie bei einem normalen Array, mit dem Klammeroperator:

Zugriff auf einzelne Zeichen einer Zeichenkette

```
//Zugriff auf das i-te Zeichen der Zeichenkette
char c = str[i];
```

Es gibt eine Funktionsbibliothek `<string.h>`, die eine ganze Reihe von Funktionen zur Verfügung stellt, um mit Zeichenketten zu arbeiten. Bei Bedarf müssen Sie diese Bibliothek in Ihren Quelltext mit der Compiler-Direktive `#include` einbinden:

```
#include <string.h>
```

Zwei wichtige Funktionen dieser Bibliothek sind bspw.:

`strlen()` → Ermitteln der Länge eines C-Strings

`strcpy()` → Zuweisung einer Zeichenkette zu einer Zeichenkettenvariablen *außerhalb* der Deklaration der Zeichenkettenvariablen

Später werden Sie weitere Zeichenketten-Datentypen kennenlernen, mit denen man komfortabler arbeiten kann.

Hinweis: Für ein vertiefendes Selbststudium wird auf das Kapitel 11.13 „Die Standard-Bibliothek <string.h>" [WOLF_C] verwiesen.

Aufgaben:

- Deklarieren Sie eine automatische Array-Variable (C-String) vom Datentyp **char**, das 15 Feldelemente aufnehmen kann!

- Initialisieren Sie die Variable direkt bei der Deklaration mit der Zeichenkette „Informatik"!

- Setzen Sie einen Haltepunkt auf die `return`-Anweisung und schauen Sie sich den Inhalt der in der Anweisung davor deklarierten Feld-Variable im Hauptspeicher an!

- Kann man am Feldinhalt erkennen, wieviele Elemente von Ihnen mit Werten initialisiert wurden?

- Ermitteln Sie mit der Funktion `strlen()` die Länge der Zeichenkette! Speichern Sie das Ergebnis in einer entsprechenden Variablen!

- Ersetzen Sie die gespeicherte Zeichenkette durch die Zeichenkette „Elektrotechnik" mit der Funktion `strcpy()`!

2.10. Zeiger

Ein Zeiger (engl. pointer) ist eine Variable, die als Wert die (Anfangs-) Adresse einer anderen Variablen enthält. Man spricht deshalb auch davon, dass ein Zeiger auf eine Variable „zeigt".

Die Variable, deren Adresse in einem Zeiger gespeichert wird, nennt man referenzierte Variable.

Wozu man überhaupt Zeiger benötigt, erschließt sich dem Programmierneuling nicht sofort. Es gibt sogar Programmiersprachen, die ohne Zeiger auskommen. Bei C/C++ spielen sie aber eine große Rolle. Mit der Hilfe von Zeigern lassen sich bspw. dynamisch Speicherbereiche zur Laufzeit (!) anfordern. Das erhöht i.d.R. die Flexibilität des Programms für den Benutzer.

2.10.1. Zeiger-Deklaration

Ein Zeiger wird wie eine gewöhnliche Variable deklariert und er ist auch eine gewöhnliche Variable. Zeiger in C/C++ sind typisiert, d.h. eine Zeigervariable enthält Informationen darüber, auf welchen Datentyp sie zeigt. Der Datentyp eines Zeigers sollte also i.d.R. mit dem Datentyp der Variable, die der Zeiger referenziert, übereinstimmen.

Deklaration eines Zeigers:

```
int *pInteger;
```

Das Sternchen (Asterisk) vor dem Variablen-Bezeichner signalisiert, dass es sich hier um einen Zeiger handelt. Es ist ohne Bedeutung, ob der Asterisk direkt hinter dem Datentyp oder genau vor dem Bezeichner steht. Der obige Ausdruck ist dem folgenden gleichwertig:

```
int* pInteger;
```

So ein deklarierter Zeiger enthält einen undefinierten Wert (Speichermüll), was bedeutet, dass er noch auf irgendeine undefinierte Speicherstelle zeigt. Man muss einen Zeiger vor seiner ersten Verwendung mit einer gültigen Adresse oder mit NULL (NULL-Pointer) initialisieren. Ansonsten ist das Laufzeitverhalten des Programms nicht voraussagbar.

Die Speicheradresse einer Variablen wird durch das Betriebssystem zur Laufzeit festgelegt. Woher bekommt man nun aber die Speicheradresse einer Variablen zur Entwicklungszeit? Nirgendwoher! Aber mit dem sogenannten Adressoperator (& → ‚Ampersand') lässt sich eine Verbindung zwischen dem Zeiger und der zu referenzierenden Variable herstellen. Der Adressoperator ermittelt zur Laufzeit die Adresse der Variablen.

<u>Beispiel:</u>

Zuweisung einer Adresse an einen Zeiger mit Typ-Schablone (T
→ Platzhaltertyp):

```
//Variable von einem beliebigen Datentyp T
T var;
/* Zuweisung der Anfangsadresse von var an den
   Zeiger */
T *pVar = &var;
```

Oder mit einem konkreten Datentyp:

```
int var;          //Zu referenzierende Variable
//Zeiger (vom selben Datentyp wie die Variable)
int *pInteger;
//Verbindung zwischen Zeiger und Variable herstellen
pInteger = &var;
```

Der Typ der zu referenzierenden Variablen (Typ der Variable auf die der
Zeiger zeigt) ist im obigen Fall der Datentyp **int**. Der Name der
Zeigervariablen ist, wie bei allen Variablen frei wählbar.

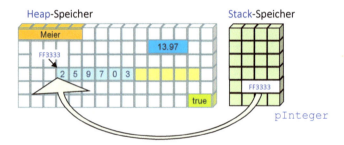

<u>Leseanleitung:</u> pInteger ist ein Zeiger auf eine Variable vom
Datentyp Integer.

Mit der Anweisung pInteger = &var; wird die Variable var die
vom Zeiger pInteger referenzierte Variable.

Selbstverständlich lassen sich Zeiger auch auf andere Datentypen
vereinbaren:

```
float *pFloat;

char *pChar;

unsigned int *pUnsigned;
```

Aufgaben:

- Deklarieren Sie eine Variable (zahl) vom Datentyp **double** und
  initialisieren Sie diese mit dem Wert 4.5!
- Deklarieren Sie eine Zeiger-Variable (pZahl) vom Datentyp
  double und initialisieren Sie diese mit der Adresse (&-

[34]

Operator) der Variable `zahl`!
- Wir wollen schon etwas vorgreifen und Werte auf der Konsole ausgeben! Binden Sie dazu die Bibliothek <iostream> ein, die die Befehle für die Ein- und Ausgabe für C++ enthält:

```
#include <iostream>
```

- Geben Sie nun die folgenden Anweisungen ein und kommentieren Sie diese:

```
std::cout <<"Adresse von zahl: "<< &zahl <<'\n';
std::cout <<"Wert von pZahl: "<< pZahl <<'\n';
std::cout <<"Adresse von pZahl: "<< &pZahl <<'\n';
```

Setzen Sie einen Haltepunkt auf die `return`-Anweisung und starten Sie das Programm im Debug-Modus, nachdem Sie es als Startprojekt definiert haben.

Sie können hier gut erkennen, dass beide `double`-Variablen unterschiedliche Speicheradressen besitzen und der Inhalt des Zeigers die Adresse der `double`-Variablen `zahl` ist.

Merke: *Ein Zeiger kann die Adresse einer Variablen speichern!*

2.10.2. Zeiger-De-Referenzierung

Den Zugriff auf die referenzierte Variable über ihren Zeiger nennt man Dereferenzierung oder indirekter Zugriff. Dazu verwendet man den Dereferenzierungs-Operator (*). Der Asterisk hat also in Bezug auf Zeiger zwei Bedeutungen. Steht er hinter einem Datentyp bezeichnet er immer einen Zeiger. Schreibt man ihn vor einen Bezeichner (Variablen-Namen) und steht vor dem Asterisk kein Datentyp bezeichnet er den Inhalt der Variablen auf die der Zeiger zeigt.

Ist `p` ein Zeiger, so ist `*p` der Wert der referenzierten Variable!

```
int  var;
int  *pInteger;

pInteger = &var;

//var wird indirekt über den Zeiger eine 1 zugewiesen
*pInteger = 1;

//Der Wert von var wird inkrementiert
*pInteger = *pInteger +1;
```

Für das Inkrementieren des Wertes einer Variablen auf die ein Zeiger zeigt, könnte man auch den Inkrement-Operator nutzen. Doch Achtung! Aufgrund der Präferenz der Operatoren müssen in diesem Fall Klammern gesetzt werden.

```
(*pInteger)++;
```

Zeiger gleichen Typs können einander zugewiesen werden:

```
int *pIntFeld;
pInteger = pIntFeld;
```

In diesem Fall muss man aber Vorsicht walten lassen. Mit der obigen Zuweisung eines Zeigers an einen anderen Zeiger, enthalten nun beide die Adresse, die vorher nur in `pIntFeld` gespeichert war. Beide Zeiger „zeigen" nun auf dieselbe Variable!

Ein Zeiger auf den Datentyp Integer (`int`) ist selbst keine Integer-Variable! Versucht man, einer Zeigervariablen eine Zahl zuzuweisen, erhält man i.d.R. eine Fehlermeldung oder Compiler-Warnung.

Eine Ausnahme stellt die Zahl 0 dar. Sie darf jedem beliebigen Zeiger zugewiesen werden. Ein solcher Nullzeiger zeigt „nirgendwohin". Der Versuch, ihn zu de-referenzieren, führt zu einem Laufzeitfehler. Trotzdem ist die anfängliche Initialisierung eines Zeigers mit 0 sinnvoll. Es ist dann nämlich möglich zu testen, ob der Zeiger bereits erfolgreich re-initialisiert wurde.

```
int *pIntFeld = 0; //oder: = NULL;
```

Wird ein Zeiger vom Typ **void*** angelegt, erhält man einen sogenannten nicht-typisierten Zeiger. Ein **void***-Zeiger kann sowohl auf **int**, **char** als auch auf etwas ganz anderes zeigen. Er beinhaltet nur die Speicheradresse einer Variablen, nicht aber Informationen über den Datentyp der Variablen, auf die er zeigt. Aus diesem Grund, kann man einen nicht-typisierten Zeiger auch nicht dereferenzieren. Man muss ihn vorher einen typisierten Zeiger umwandeln (Typ-Cast).

2.10.3.   *Zeiger und das Schlüsselwort const*

Das Schlüsselwort **const** kann genutzt werden, um den Wert der Variablen, auf die der Zeiger zeigt, als konstant zu definieren. Der Zeiger kann, solange er gültig ist, auf verschiedene Variable zeigen. Deren Werte können dann allerdings nicht über diesen Zeiger geändert werden.

Wird der Zeiger selbst als konstant definiert, kann in ihm keine andere Adresse gespeichert werden. Der Wert der Variable, auf die er zeigt, kann allerdings verändert werden. Natürlich sind auch beide Varianten in Kombination möglich.

Beispiele:

```
int wert1;   // 1. Integer-Variable
int wert2;   // 2. Integer-Variable
// Zeiger auf konstanten int
int const *pWert1 = &wert1;
// konstanter Zeiger auf int
int* const pWert2 = &wert1;
// konstanter Zeiger auf konstanten int
int const* const pWert3 = &wert1;
```

2.10.4.   *Zeigerarithmetik*

Erhöht man den Adresswert, der in einem Zeiger gespeichert ist, muss der Wert, um den man erhöht, immer mit der Anzahl von Bytes multipliziert werden, die durch den Datentyp der Variable definiert wird. Also bei einer Integer-Variablen muss mit vier (vier Byte) und bei einer Double-Variablen mit acht (acht Byte) multipliziert werden.

Für Zeiger sind die Addition und die Subtraktion definiert. Ist `pInt` ein Zeiger auf den Datentyp **int** und pDouble ein Zeiger auf den Datentyp **double**, so gilt:

`pInt+3`	zeigt auf Speicherstelle 3***int** „oberhalb" von `pInt` (da 3*4 Byte = 12 Byte).
`pDouble-5`	zeigt auf Speicherstelle 5***double** „unterhalb" von `pDouble` (da 5*8 Byte = 40 Byte).

Analog folgt beim Dekrementieren/Inkrementieren:

`pInt--;`	`pInt` zeigt auf die um 4 Byte kleinere Adresse
`pDouble++;`	`pDouble` zeigt auf die um 8 Byte höhere Adresse

Damit „springt" der Zeiger beim Inkrementieren zum nächsten Element (bspw. bei einem Array) und beim Dekrementieren auf das vorhergehende Element.

Auf das Inkrementieren und Dekrementieren von Zeigern wird im Abschnitt über dynamische Array-Variable noch einmal näher eingegangen.

In der Programmiersprache C werden Zeiger häufig für Arbeiten mit Zeichenketten (`char  *`) und für die Parameterübergabe bei Funktionsaufrufen (call-by-reference) verwendet.

In C++ ist die Zeigerverwendung nicht mehr so häufig notwendig. An vielen Stellen kann man stattdessen mit Referenzen arbeiten.

2.10.5.   *Zeiger und Arrays*

Ein Arrays wird generell als Call-by-Reference-Parameter an eine Funktion übergeben. Das wurde in die Sprache C/C++ fest eingebaut, um zu Verhindern, dass bei der Übergabe eines Arrays Speicherplatz für eine Wertkopie verschwendet wird. Darüber hinaus wird der Funktionsaufruf allein mit der Adresse des Arrays auch performanter. Das sind aber nicht die einzigen Vorteile.

Beispiel:

```
int  feld[4];
```

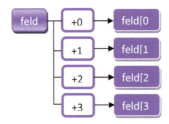

Was muss man beachten? Der Array-Name ist identisch mit einem Zeiger auf das erste Feldelement:

feld == &feld[0]	feld ist ein Array und zugleich Zeiger auf das erste Element

Das Addieren oder Subtrahieren eines Wertes zur Anfangsadresse des Feldes resultiert stets im Vergrößern/Verkleinern der Adresse um den Wert multipliziert mit der Byte-Anzahl des Datentyps:

feld+i == &feld[i]	Zeigerarithmetik (für int → Multipliziere i mit vier Byte)
feld[i]== *(feld+i)	Verwendung der Zeigerarithmetik für den gleichwertigen Zugriff auf Elemente:

2.11.   Referenzen

Eine Referenz ist ein Verweis (Alias-Name), also ein anderer Name, für dieselbe Variable.

Referenzen müssen bei ihrer Deklaration sofort initialisiert werden, d.h. bei der Deklaration muss die Zuweisung einer anderen Variablen erfolgen. Die Referenz verweist immer auf diese Variable.

Beispiel:

```
int var = 9;
int &refVar = var;
```

Nach der Initialisierung einer Referenz-Variablen ist es nicht möglich, eine Referenzvariable auf eine neue Variable verweisen zu lassen.

Referenzen wurden mit C++ neu eingeführt. Sie werden häufig bei Funktionsaufrufen als Parameter des Typs ‚Call-by-reference' verwendet. Das Arbeiten mit einer Referenz ist also identisch mit dem Arbeiten der referenzierten Variablen. Weist man einer Referenz einen neuen Wert zu, bedeutet dies, dass auch die referenzierte Variable nun diesen neuen Wert enthält.

Beispiel:

```
int var = 9;        // Variable
int &refVar = var;  // Referenz auf die Variable var
std::cout << "var: " << &var;
std::cout << " refVar: " << &refVar;
```

Ausgabe:

```
var: 0x7fffbf623c54 refVar: 0x7fffbf623c54
```

Die Adressen sind identisch (Aliasname!).

Hinweis: Für ein vertiefendes Selbstudium wird auf den Artikel „Pointer in C++" [MAGCPP] verwiesen.

2.12.   Dynamische Array-Variable

Oftmals kann man zur Entwicklung noch nicht genau voraussagen, wie viel Speicherplatz man für die zu erwartenden Datensätze zur Laufzeit anfordern muss. Denken Sie an ein Adressbuch, oder Sensor-Daten, wie Temperatur oder Drehmoment. Hier werden entweder von einem Benutzer oder einer Hardware Daten zur Laufzeit erzeugt. Für diese Fälle u.a. benötigt man eine Möglichkeit, dynamisch zur Laufzeit Speicherplatz anzufordern.

Die dynamische Reservierung von Speicherplatz im Freispeicher (Heap) wird mit dem Schlüsselwort **new** eingeleitet. Die Voraussetzung für die Verwendung von **new** ist die Existenz eines Zeigers, der selbstverständlich im Typ wiederum mit der Variable übereinstimmen sollte, die dynamisch erzeugt werden soll.

Beispiel:

```
int *pInt = new int;    /* Reservierung und
                           Initialisierung von pInt */
```

Die Verwendung von **new** liefert hier genau einen Speicherplatz für den als Argument angegebenen Typ **int**. Der Rückgabewert von **new** ist die Anfangsadresse dieses Speicherbereichs oder im Fehlerfall der Wert NULL.

```
int *pInt = new int(3); /* zusätzlich wird hier der
                           Speicherbereich auf den
                           pInt zeigt mit 3
                           initialisiert */
```

Dies funktioniert in dieser Art und Weise nur bei einfachen Datentypen.

Im dritten Beispiel wird Speicherbereich für ein Array dynamisch angefordert. Das Array erkennt man natürlich wieder an den eckigen Klammern ([]). Als Argument kann nun neben einem Zahlen-Literal eine Variable verwendet werden. Sie erinnern sich, bei einer automatischen Array-Variablen musste es eine Konstante sein!

```
// char-Array mit 10 Feldelementen
char *pString = new char[10];
```

Fordert man dynamisch Speicherbereiche an, sollte man diese auch selbst wieder freigeben, sowie man den Speicher nicht mehr benötigt. Die Freigabe erfolgt mit dem Schlüsselwort `delete`.

Beispiel:

```
delete pInt;
```

delete erwartet einen Zeiger auf den Speicherbereich der freigegeben werden soll. Bei der Freigabe von dynamischem Speicher von Feldern müssen zwischen dem Schlüsselwort und dem Zeiger die leeren eckigen Klammern stehen:

```
delete [] pFeld;
```

Die Elemente eines dynamischen Arrays sollten von vorneherein mit 0 initialisiert sein. Eine Zuweisung von Elementwerten bei der Deklaration wie bei automatischen Array-Variablen ist nicht möglich. Die Feldelemente können im Ablauf einer Schleife initialisiert werden.

Aufgaben:

- Deklarieren Sie eine Zeigervariable `pFeld` vom Typ **int** und initialisieren Sie den Zeiger mit der Systemkonstante **NULL**!

- Definieren Sie eine Variable `anzahl` und initialisieren Sie die Variable mit dem Wert 100!

- Legen Sie mit dem Operator **new** eine dynamische Array-Variable an, indem Sie die Variable `anzahl` verwenden und die Anfangsadresse des dynamischen Feldes (Rückgabewert von **new**) in Zeiger `pFeld` speichern! Setzen Sie einen Haltepunkt auf die `return`-Anweisung und schauen Sie sich den Inhalt der in der Anweisung davor erzeugten dynamischen Feld-Variable im Hauptspeicher an!

- Kann man am Feldinhalt erkennen, wieviele Elemente von Ihnen mit Werten initialisiert wurden? Was sehen Sie und wie kommt der Variableninhalt zustande? Initialisieren Sie das erste Feldelement mit dem Wert 2.7! Kontrollieren Sie im Debug-Modus nochmals die erfolgte Variableninhaltsänderung!

- Erstellen Sie eine Funktion `invers()`, die eine Zeichenkette in umgekehrter Reihenfolge auf der Konsole ausgibt! Übergeben Sie der Funktion die zu invertierende Zeichenkette und deren Länge! Reservieren Sie dynamisch in der Funktion Speicherbereich für die zu invertierende Zeichenkette und speichern Sie diese dort ab!

2.13.   Konstruktion neuer Datentypen

2.13.1.   Aufzählungstyp (Enumeration-Typ)

Ein Aufzählungstyp ist ein selbstgewählter Datentyp in dem als Liste mehrere Zustände gespeichert werden. Sie müssen diesen Typ wie folgt definieren:

```
enum [Typname] {Aufzählung} [Variablenliste];
```

Als Beispiel findet man in der Literatur hier häufig die Wochentagsliste:

```
enum wochenTag {sonntag, montag, dienstag, mittwoch,
donnerstag, freitag, samstag};
```

Bei einem Enumeratortyp ohne Wertzuordnung wird jedem Listenelement der Reihe nach eine natürliche Zahl, beginnend bei 0, zugewiesen.

Im folgenden Beispiel beginnt aufgrund der Wertzuweisung die Zählung bei 1:

```
enum wochenTag {sonntag=1, montag, dienstag,
mittwoch, donnerstag, freitag, samstag};
```

Wurde bei der Definition keine Variablenliste angegeben, kann die Deklaration einer Variablen von diesem Aufzählungstyp später im Quelltext erfolgen:

```
wochenTag ferienTag;
```

Als weiteres Beispiel sollen die Lösungsarten von quadratischen Gleichungen als Aufzählungstyp definiert werden:

```
//Definition des Aufzählungstyps
enum tLoesung( eine, zwei, komplex );

//Deklaration einer Variablen dieses Typs
tLoesung loesung;
```

2.13.2.   Strukturen → Aggregation

Mit dem Definieren von Strukturen werden Datentypen geschaffen, mit denen sich ebenfalls Container-Variablen deklarieren lassen. Der Unterschied zum Array besteht aber darin, dass hier mehrere logisch zusammenhängende Daten unterschiedlichen Datentyps im Container gespeichert werden können. Als Beispiele seien Adress-, Personal- oder Produktdatensätze genannt.

Die Definition eines Strukturdatentyps sieht prinzipiell folgendermaßen aus:

```
struct <typName>
{
    <DatenTyp1> <varName1>;
    <DatenTyp2> <varName2>;
    ...
}<variablenListe>;
```

Die Variablenliste ist optional. Die Deklaration einer entsprechenden Strukturvariablen kann bei Bedarf später im Quelltext erfolgen.

Beispiel:

```
struct tStudent
{
       tAnrede hrFr;   //Aufzählungstyp {Herr,Frau, …}
       char fName[50];//Familienname (C-String)
       char vname[50];//Vorname (C-String)
       /* tAdresse bestehend aus →PLZ, Ort, Straße
          wäre ein weiterer Strukturtyp, den wir
          definieren würden!*/
       tAdresse adr;
       unsigned int matrNr;
};
```

Wie man sieht kann ein Strukturtyp wiederum auch Variablen eines anderen Strukturtyps oder auch eines Aufzählungstyps enthalten.

Dieser neue Datentyp wird dann, wie gewohnt, für eine Variablen-Deklaration verwendet:

```
tStudent stud;
```

Der Zugriff auf die Elemente der Struktur erfolgt hier mit dem so genannten **Punkt-Operator**. Die Initialisierung der einfachen Variablen, wie Matrikelnummer und Postleitzahl können Sie in den nachfolgenden Anweisungen leicht nachvollziehen:

Zugriff auf die Elemente einer Struktur mit dem Punkt-Operator!

```
//Initialisierung der Matrikelnummer
stud.matrNr = 1234567;
//Initialisierung der Postleitzahl
stud.adr.plz = 33602;
```

Die Initialisierung der Aufzählungstyp-Variablen geschieht folgendermaßen:

```
//Alternativ wäre die Zuweisung des Wertes 0 möglich
stud.hrFr = Herr;
```

Für das Initialisieren der C-Strings (char-Arrays) benötigen wir die String-Copy-Funktion (**strcpy**(ziel,quelle)) der Bibliothek <string.h>:

```
//Variable mit Zeichenkette „füllen"
strcpy(stud.fName, "Schneider");
strcpy(stud.adr.ort, "Bielefeld");
```

2.13.3.   *Union*

Die Syntax der Union ähnelt der der Struktur. Während bei der Struktur die Daten der Felder im Speicher jeweils an unterschiedlichen Speicherplätzen abgelegt werden, wird bei der Union immer derselbe Speicherbereich verwendet. Es kann demnach nur der Inhalt eines Union-Datensatzes zur gleichen Zeit gespeichert werden.

- Definieren Sie eine Struktur „Buch"!

- Die Struktur soll die folgenden Elemente enthalten: Autorname, Buchtitel, Erscheinungsjahr, Preis. Deklarieren Sie die drei Variablen mit geeigneten Datentypen!

- Deklarieren Sie eine automatische Feldvariable dieses Strukturtyps mit 10 Feldelementen! Verwenden Sie auch für die char-Arrays des vorausgehenden Schrittes geeignete Konstanten!

- Initialisieren Sie das erste Feldelement mit den folgenden Inhalten:

    o „Scott Meyers"

    o „Effektives modernes C++"

    o 2015

    o 36,90 €

- Setzen Sie einen Haltepunkt auf die `return`-Anweisung und schauen Sie sich den Inhalt der in den Anweisungen davor initialisierten Feld-Elemente im Hauptspeicher an!

- Wiederholen Sie die Schritte mit einer dynamischen Feldvariablen!

- Initialisieren Sie weitere Feldelemente mit Buchdaten Ihrer Wahl!

- Wenn Sie alle Feldelemente des Feldes auf die Konsole ausgeben wollen und dabei den Zeiger, der auf das dynamische Feld zeigt, inkrementieren, um wieviel Byte wird der Zeiger „weiterspringen"?

- Kontrollieren Sie Ihre Vermutung, indem Sie z.B. eine Schleife implementieren, in der Sie ohne Konsolenausgabe den Zeiger inkrementieren!

2.14.   Datenstrukturen der Standard Template Library (STL)

Einige der komplexeren Datenstrukturen, die in vorhergehenden Kapiteln besprochen wurden und für die dort Funktionen zur Bearbeitung entworfen wurden, gibt es bereits in der Standard Template Library.

Das bedeutet, dass wir viel Arbeit sparen können, indem auf dieses Reservoir zugreifen. Allerdings hat man es bei den sogenannten „Container" der STL mit Klassen zu tun. Die genaue Kenntnis der Prinzipien der Objektorientierung ist für die Verwendung dieser Klassen und ihrer Elementfunktionen nicht unbedingt notwendig. Trotzdem wird an der einen oder anderen Stelle doch auf die Objekt-orientierte Programmierung Bezug genommen und damit auf zukünftige Kapitelinhalte vorgegriffen.

Ähnlich wie bei den Stream-Objekten werden wir die Container der STL als „Black Box" betrachten und uns an dem erfreuen, was so alles, ohne unser aktives „Zutun", funktioniert. Ein MP3-Player nutzen wir auch einfach, ohne genau zu wissen, wie ein MP3-Stream aufgebaut ist und welche Kompressionsverfahren dort verwendet werden.

Ein tieferes Verständnis der STL-Komponenten ist aber erst zu erlangen, nachdem man sich die Prinzipien der Objektorientierung angeeignet hat.

Der Name der Bibliothek weist auf eine weitere Besonderheit hin. Bei den Containern handelt es sich um sogenannte Template-Klassen. Templates (Schablonen) sind unabhängig vom zur Entwicklungszeit definierten Datentyp. Das bedeutet, so ein Container funktioniert bspw. mit dem Datentyp Integer genauso wie mit dem Datentyp Double oder dem selbst definierten Datentyp TMessung.

Die STL enthält nicht nur die **Container** zur Speicherung und Verwaltung von Datensätzen, sondern enthält auch sogenannte **Iteratoren**, mit denen man durch den Datenbestand navigieren kann, und **Algorithmen**, also Operationen bzw. Funktionen, die der Verarbeitung und Analyse der Daten dienen.

Damit steht uns eine Menge an optimiertem Code zur Verfügung, den wir nicht selbst noch einmal entwickeln müssen.

Die STL stellt die folgenden Container zur Verfügung:

- Sequentielle Container
  - `vector` → Elemente sind zusammenhängend hintereinander angeordnet und können alle gleich schnell erreicht werden. Einfügen und Löschen von Elementen ist nur am Ende mit Elementfunktionen schnell vorimplementiert.
  - `deque` → "double-ended queue" wie vector, aber Einfügen und Löschen von Elementen ist am Anfang und am Ende mit Elementfunktionen schnell vorimplementiert.
  - `list` → Elemente sind doppelt verkettet. Einfügen und Löschen von Elementen ist an beliebiger Stelle schnell möglich. Der Zugriff ist nur sequentiell möglich.

- Assoziative Container

  o `set` → Menge von Elementen. Schlüssel müssen eindeutig sein. Duplikate sind nicht möglich.

  o `multiset` → Menge von Elementen, die auch mehrfach vorkommen können.

  o `map` → Menge von Elementen, die jeweils aus einem Schlüssel-Wert-Paar bestehen. Schlüssel müssen eindeutig sein.

  o `multimap` → Menge von Elementen, die jeweils aus einem Schlüssel-Wert-Paar bestehen. Mehrere Werte mit dem gleichen Schlüssel sind zulässig.

- Adaptoren

  o `stack` → Folge von Elementen, auf die nur am Anfang des Containers zugegriffen werden kann.

  o `queue` → Folge von Elementen, auf die am Anfang und am Ende des Containers zugegriffen werden kann.

  o `priority_queue` → Folge von Elementen, die stets sortiert sind. Zugriff am Anfang und am Ende des Containers.

Die Container der STL werden alle in der gleichen Art und Weise manipuliert. In Funktionalität und Performanz unterscheiden sie sich aber.

Die meisten Container verfügen über Elementfunktionen zum Einfügen und Löschen von Elementen am Ende des Containers. Die folgenden Elementfunktionen werden von den meisten Containern zur Verfügung gestellt:

`push_front()`	Einfügen eines Elements vor dem ersten Element (nicht verfügbar für vector)
`pop_front()`	Entfernt das erste Element (nicht verfügbar für vector)
`push_back()`	Einfügen eines Elements nach dem letzten Element
`pop_back()`	Entfernt das letzte Element

Ebenso stellen die meisten Container die folgenden Elementfunktionen zur Verfügung:

`empty()`	Boolescher Wert zeigt an, ob der Container leer ist.
`size()`	Liefert die Elementanzahl.
`insert()`	Fügt ein Element an einer bestimmten Position ein.
`erase()`	Entfernt ein Element an einer bestimmten Position.
`clear()`	Entfernt alle Elemente.
`resize()`	Ändert die Größe eines Containers.
`front()`	Liefert eine Referenz auf das erste Element.
`back()`	Liefert eine Referenz auf das letzte Element.

Im Folgenden werden die sequentiellen Container näher erläutert.

2.15. String

Die Programmiersprache C/C++ kennt keinen eingebauten Datentyp für Zeichenketten. Man behilft sich im einfachsten Fall mit Arrays des Datentyps `char`. Auf Verarbeitungsfunktionen für char-Arrays kann man über die C-Standardbibliothek `<string.h>` zurückgreifen.

Die C++-Standardbibliothek stellt den Datentyp `string` zur Verfügung. Objektvariablen des Datentyps string sind keine offiziellen STL-Container. Ihre Hauptverwendung ist die Verwaltung von Zeichenketten.

Der Datentyp kann nach dem Einbinden der Bibliothek `<string>` verwendet werden.

Wie alle Bestandteile der Standardbibliothek kann auch auf den `string`-Datentyp nur über den Standardnamensraum zugegriffen werden.

```
#include <string>
#include <iostream>
using namespace std;  //spart das std:: vor cin/cout ein

int main(void)
{
    string str1, str2;
    str1 = "Eingabe: ";
    cin >> str;
    cout << str1+str2 << endl;
    return 0;
}
```

Die Verwendung von Objektvariablen des Typs `string` mit den einfachen Stream-Objekten `cin` und `cout` funktioniert ohne Probleme. Wie man sehen kann, ist auch der +-Operator für `string`-Variablen überladen worden (String-Verkettung (Concatenation)).

Da Variablen vom Typ `string` Objektvariablen sind, stellt Ihre Klasse einige nützliche Elementfunktionen bereit. Dazu gehören u.a. die folgenden Operatoren und Funktionen:

- Operatoren
  - = (Zuweisung),
  - + und += (Verkettung),
  - [] (Index-Operator)
  - sowie alle Vergleichs-Operatoren
- Elementfunktionen
  - `size()`, `length()` → liefern beide die Anzahl an Zeichen in einem String.
  - `empty()` → liefert `true` falls der String leer ist, andernfalls `false`.
  - `clear()` → String leeren.
  - `resize()` → Verändert die Größe des Strings (1. Parameter: neue Größe des Strings, 2. Parameter: Zeichen, mit dem der String aufgefüllt wird, falls die angegebene Länge größer ist, als die aktuelle.
  - `insert(i,s)` → fügt die Zeichenkette s ab Index I in

einen String ein. Der Rest des Strings wird verschoben.

o `erase(i,j)` → entfernt j Zeichen aus einem String, beginnend mit Index i.

o `replace(i,j,s)` → ersetzt den Teil eines Strings, der beim Index i beginnt und j Zeichen lang ist, durch die Zeichenkette s.

o `find(s)` → liefert den Index, ab dem die Zeichenkette s zum ersten Mal in einem String vorkommt.

o `rfind(s)` → liefert den Index, ab dem die Zeichenkette s zum letzten Mal in einem String vorkommt.

o `substr(i,j)` → liefert den ab Index i beginnenden und j Zeichen langen Teilstring eines Strings.

o `swap()` → Vertauscht den Inhalt zweier Strings.

Beispiel 1: Ersetzen eines Teil-Strings durch einen anderen

```cpp
#include <iostream>
#include <string>
using namespace std;

int main(void)
{
  string email = "peter.meyer@fh-bielefeld.de";
  email.replace(email.find("@"), 1, ".at.");
  cout << email << endl;
  return 0;
}
```

Beispiel 2: Umkehrung eines Strings

```cpp
void reverse(string s1, string s2)
{
    int laenge = s1.size();

    for (int i=0 ; i < laenge; i++)
    {
        s2.insert(0,s1[i]);
    }
}
```

Darüber hinaus gibt es weitere Funktionen zum Finden von Teilstrings (`find_first_of, find_last_of, find_first_not_of, find_last_not_of`).

Die Funktionen zum Finden von Teilstrings liefern die Startposition des gesuchten Teilstrings, bzw. `string::npos`, falls das Gesuchte nicht gefunden werden kann.

2.16.   Iteratoren

Iteratoren sind Verweise auf Elemente eines sogenannten Containers (vector, set, map etc.). Sie stellen eine Verallgemeinerung von Zeigern dar. Iteratoren dienen als Vermittler zwischen Containern und allgemeinen Algorithmen. Eine Beschäftigung mit diesem Thema erfolgt im Modul „Informatik-2", indem wir uns mit dem Thema der objektorientierten Programmierung vertieft auseinandersetzen werden.

2.17.   Vector

Der STL-Datentyp vector repräsentiert ein eindimensionales Array mit Elementen desselben Datentyps. Der Template-Datentyp wird nach dem Schlüsselwort `vector` bei der Deklaration in spitzen Klammern angegeben.

Der Datentyp ist dynamisch aufgebaut. Das bedeutet, dass die Feldgröße erst zu Laufzeit des Programms, z.B. mit einer Benutzereingabe, festgelegt werden kann. Die Größe lässt sich auch nachträglich noch verändern.

Beim Anlegen einer Objektvariablen vom Typ `vector` wird in der Regel mehr Speicherplatz reserviert, als für die aktuell angeforderte Größe notwendig wäre. Solange diese Größe noch nicht erreicht wird, können Operationen, die Elemente am Ende des Arrays einfügen, in konstanter Zeit durchgeführt werden. Bei Überschreitung der reservierten Größe werden alle vorhandenen Elemente in einen neuen (entsprechend größeren) Speicherbereich umkopiert. Diese Operation ist recht zeitaufwändig. Weshalb es i.d.R. günstiger ist, vor aufwändigen Operationen mit der Elementfunktion `reserve()` einen hinreichend großen Speicherblock anzufordern.

Verfügbar ist dieser Typ nach dem Einbinden der Bibliothek **<vector>.**

Der Prototyp wird im Folgenden angegeben:

```
vector<DatenTyp> feldBezeichner (anzahl);
```

Beispiel:

```
vector<int> vektor(10); // Indizes: 0..9
```

Die Elementfunktion size() liefert die Anzahl der tatsächlich belegten Elemente des Arrays:

```
cout << vektor.size() << endl; // Ausgabe: 10
```

Der Zugriff auf die Feldelemente kann mit dem Klammeroperator [] erfolgen. Die Feld-Indexierung beginnt mit dem Index 0. Bei der Verwendung von [] erfolgt keine Überprüfung der Bereichs-Über- oder -Unterschreitung! Der Benutzer erhält keine Fehlermeldung bei Zugriffen auf nicht existierende Elemente.

Neue Elemente lassen sich am Ende des Arrays schnell einfügen und löschen. Einfüge- und Lösch-Operationen an anderen Positionen des Containers benötigen deutlich mehr Zeit, weil alle nachfolgenden

Elemente entsprechend verschoben werden müssen (s. Kapitel 0 „Weitere Operationen mit Feldern").

Zusätzlich zu den bisher vorgestellten Elementfunktionen bietet ein Vektor noch einige spezielle Funktionen:

- `resize(size)` und `resize(size, wert)` → ändert die Größe des Vektors auf 'size', indem am Ende Elemente entfernt oder angefügt werden. Neue Elemente werden mit dem Vorgabewert des Elementtyps bzw. mit 'wert' belegt.
- `vektor[pos]` und `at(pos)` → liefern das Element mit dem Index 'pos' zurück. Der Unterschied zwischen beiden Methoden besteht in der Fehlerbehandlung. Der Index-Operator liefert undefinierte Werte, wenn er mit einem Index außerhalb des Intervalls [0, vektor.size()] aufgerufen wird. Die Elementfunktion at() wirft eine `out_of_range` - Ausnahme beim Zugriff auf nicht allokierte Speicherbereiche. Diese Ausnahmen müssen vom Anwender aufgefangen werden.
- `push_back(wert)` → hängt das Element 'wert' am Ende des Vektors an.
- `front()` und `back()` → liefern den Wert des ersten bzw. letzten Elements im Vektor.
- `pop_back()` → löscht das letzte Element aus dem Vektor.
- `capacity()` → liefert die aktuelle Kapazität des Vektors zurück. Dieser Wert gibt an, wie viele Elemente er aufnehmen könnte, ohne neuen Speicher anfordern zu müssen.
- `reserve(size)` → reserviert Speicherplatz für mindestens 'size' Elemente. Die Initialisierung des neu angeforderten Speicherplatzes muss der Anwender selbst vornehmen.

Aufgaben:

- Inkludieren Sie in Ihr neues Projekt die Bibliotheken **<vector>** und **<string>**!

- Deklarieren Sie eine `vector`-Feldvariable `buecher` des Strukturtyps Buch, den Sie in den Aufgaben im Abschnitt 0 bereits erzeugt hatten, für 10 Datensätze! Verwenden Sie aber jetzt anstelle der `char`-Array's Variablen von Datentyp **string** für den Autornamen und für den Buchtitel!

- Initialisieren Sie das erste Feldelement mit den folgenden Inhalten:

  - „Scott Meyers"
  - „Effektives modernes C++"
  - 2015
  - 36,90 €.

- Setzen Sie einen Haltepunkt auf die `return`-Anweisung und schauen Sie sich den Inhalt des Array's im Hauptspeicher an! Sie sehen, wie bei der automatischen Array-Variablen (C-Array), zur Laufzeit alle Feldelemente (auch die nicht-initialisierten). Bei den Feldelementen sieht man wieder schön, dass nicht-initialisierte

numerische Speicherplätze möglicherweise „Speichermüll"
enthalten.

- Ändern Sie nun die Deklaration der `vector`-Feldvariable
  `buecher` derart, dass Sie eine Datensatzanzahl von 1 angeben.

- Definieren Sie einen Strukturdatensatz `buch` und initialisieren
  Sie den Datensatz mit einem weiteren Buchdatensatz! Die
  Strukturdatensatzelemente können Sie entweder nacheinander
  mit dem Punktoperator einspeichern oder Sie schreiben die
  Parameterwerte einfach Komma-getrennt in geschweifte
  Klammern, wie in Abschnitt 2.9.1 gezeigt.

- Den initialisierten Datensatz `buch` können Sie nun über den
  Punktoperator mit Aufruf der Funktion **push_back()** hinter
  dem ersten vector-Datensatz einfügen. Das Array wird
  automatisch um die notwendigen Speicherplätze dynamisch
  erweitert.

*Hinweis: Zur Entwicklungszeit ist es beim Datentyp `vector` nicht mehr
erforderlich, die Anzahl der zur Laufzeit zu speichernden Feldelemente zu
kennen.*

2.18.   Deque

Eine Deque (**D**ouble **E**nded **QUE**ue) ist dem Datentyp vector sehr
ähnlich. Der Inhalt wird i.d.R in mehreren kleineren Speicherblöcken
organisiert, die beim Durchlaufen der Deque virtuell zusammengefügt
werden.

Der Datentyp steht nach dem Einbinden der Bibliothek `<deque>` zur
Verfügung.

Ein weiterer Unterschied zum `vector` besteht darin, dass sowohl am
Ende als auch am Anfang problemlos Elemente schnell eingefügt
werden können. Änderungen in der Mitte des Containers sind wie beim
`vector` langsam und sollten besser vermieden werden.

Wenn eine Objektvariable des Datentyps `deque` ihre reservierte
Kapazität ausgeschöpft hat, reserviert sie einen neuen Speicherbereich,
der vor bzw. hinter den vorhandenen Speicherblöcken in die
Kontrollstruktur eingefügt wird. Im Gegensatz zum Vektor werden die
einzelnen Speicherblöcke auch wieder freigegeben, wenn sie nicht
mehr benötigt werden.

Eine Objektvariable des Datentyps `deque` stellt, mit Ausnahme der
Funktionen `capacity()` und `reserve()`, die gleichen
Elementfunktionen wie `vector` zur Verfügung. Zusätzlich gibt es die
Funktionen:

- `push_front(wert)` → fügt das Element 'wert' an den
  Anfang der Warteschlange ein.

- `pop_front()` → löscht das 1. Element der Warteschlange.

2.19.   Strukturierte Programmierung

2.19.1.   Ausdrücke

Ein Ausdruck entspricht i.d.R. einer Rechenvorschrift! Bei der Auswertung eines Ausdrucks wird ein Ergebnis erzeugt. Darüber hinaus kann der Ausdruck etwas bewirken, was möglicherweise zu einem Seiteneffekt führt.
Ausdrücke enthalten Operanden und Operatoren.

Wenn in einem Ausdruck mehrere Operatoren vorkommen, entscheiden die Vorrangregeln der Operatoren darüber, in welcher Reihenfolge die Einzeloperationen ausgeführt werden. Sollen die Präzedenzregeln der Operatoren gebrochen werden, müssen runde Klammern gesetzt werden.

Beispiel:
```
steuer = netto * MWST / 100.0;
//Präzedenz des *-Operators ist höher als die
//des +-Operators („Punkt-vor-Strich-Rechnung")
ergebnis = 2*3+3*4;
//durch Klammernsetzung → anderes Ergebnis
ergebnis = 2*(3+3)*4;
```
Die Klammern haben ihrerseits einen höheren Rang als die Punktrechnung (s. Tab. Operatoren-Präzedenz).

2.19.2.   Zuweisungen

Eine Zuweisung entspricht einer Belegung bzw. Veränderung des Wertes einer Variablen, also des Inhaltes eines Speicherplatzes. Das Zuweisungszeichen in C/C++ ist das Gleichheitszeichen (,=').

Auf der linken Seite einer Zuweisung steht stets eine Variable und auf der rechten Seite ein Wert. Der Wert kann ein Literal, der Wert einer Variablen, ein Ausdruck (z.B. Gleichung) oder auch der Rückgabewert einer Funktion sein.

```
<var> = <wert> ;

<var> = <funktion> ( <parameter> ) ;

<var> = <ausdruck> ;
```

Beispiele:
```
kapital = 10000;
zinsSatz = ZS_Bausparkasse;
gesamtKapital = kapital * (1+zinsSatz/100.0);
feld[7] = sqrt(29);
```

Hinweis: Auf der rechten Seite einer Zuweisung steht immer ein Wert (i.allg. das Ergebnis eines Ausdrucks), auf der linken Seite steht ein Bezeichner als Referenz für einen Speicherplatz.

Beispiel: x = x + 1;

2.19.3. Block / Sequenz

Ein Block ist eine Verbundanweisung, also eine Zusammenfassung mehrerer Einzelanweisungen, die durch geschweifte Klammer vor der ersten und nach der letzten Anweisung zu einer Einheit verbunden werden.

Jede einzelne Anweisung muss in C/C++ mit einem Semikolon abgeschlossen werden.

$$\{ \quad A_1; \quad A_2; \quad \ldots \quad ; \quad A_n; \quad \}$$

Zur besseren Lesbarkeit schreibt man im Quelltext einzelne Anweisungen eines Blockes mit Tabulator *eingerückt*, wie im Folgenden dargestellt, *linksbündig* untereinander:

```
{
    //Anweisungsblock
    A₁;
    A₂;
    //weitere Anweisungen
    Aₙ;
}
```

Des Weiteren darf an jeder Stelle, an der eine einfache Anweisung stehen darf, auch ein ganzer Anweisungsblock stehen. Anweisungsblöcke lassen sich ineinander verschachteln. Nach der öffnenden inneren geschweiften Klammer werden die folgenden Anweisungen wiederum eingerückt.

Ein Block ist also eine abgeschlossene Einheit. Variablen, die in einem Block deklariert werden sind nur in diesem Block „sichtbar".

Jede Funktion (s. Abschnitt: Funktionen) hat zumindest einen Block, den so genannten Funktionsblock.

Beispiel:

```
void testFunktion(int x, int y)
{                        //Funktionsblock: Beginn
    int y, x;
    //…
    if( x<0 )
    {            //verschachtelter innerer Block
        y = x;
        x = fabs(x);
    }
    //…
}
//Funktionsblock: Ende
```

2.20. Kontrollstrukturen

Kontrollstrukturen werden eingesetzt, um den Programmfluss zu steuern. Zu diesen Steueranweisungen zählen die Fallunterscheidungen und die Schleifenkonstrukte.

2.20.1. Alternativanweisung

Bei der Alternativanweisung wird aufgrund der Überprüfung einer Bedingung nur zwischen ‚wahr' oder ‚falsch' unterschieden. Diese Art der Entscheidung wird auch als Binär- oder duale Entscheidung bezeichnet.

Syntaxdiagramm der Alternativanweisung:

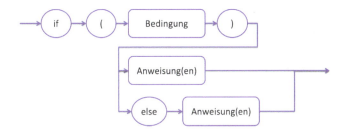

```
if (<bedingung>) { <anweisungen>; }  //oder:
if (<bedingung>)
{
     <anweisungen Block1>;
}
else { <anweisungen Block2>; }
```

Das Ergebnis der Bedingungsprüfung ist ein boolescher Wert, also wahr (**true**) oder falsch (**false**).
Nach der Bedingung folgt der sogenannte „then-Teil". Wie im Syntax-Diagramm zu sehen, ist der „else-Teil" optional, könnte Fall-abhängig also auch entfallen.

<u>Beispiel:</u>

```
//return bedeutet Rückgabe von true
if (zahl1 > zahl2)  return true;
else  return false;
//in diesem Fall wird der Wert false zurückgegeben
```

Die geschweiften Klammern des Blocks im ‚then'- bzw. ‚else'-Zweig können wegfallen, wenn nur **eine** Anweisung folgt.

Angesprochen werden sollen auch einige Fehler die im Zusammenhang mit Alternativanweisungen häufig gemacht werden.

- Sollen zwei Werte auf Gleichheit verglichen werden, muss stets der Operator '==' verwendet werden! Der Operator '=' steht für eine Zuweisung eines Wertes an eine Variable. Wird dieser verwendet, erhält man möglicherweise unbeabsichtigt eine Bedingung, die immer wahr ist, eben eine Zuweisung.

- Hinter der, in runde Klammern gefasste, Bedingung sollte kein Semikolon stehen. Ein alleinstehendes Semikolon entspricht einer leeren Anweisung. Schauen Sie sich das folgende Beispiel an:

```
if (a==b);  return true;
```

Auf Grund des Semikolons hinter der Bedingung wird die Return-Anweisung hier in jedem Fall ausgeführt! Das ist aber sicher nicht beabsichtigt!

- Durch falschen Schreibstil können Mehrdeutigkeiten auftreten. Ohne Klammerung gehört ein 'else' immer zum letzten 'if', dem kein 'else' zugeordnet ist:

```
if (a==1)
        if (b==1) cout << "a == b == 1 !";
else cout << "a != 1"; /* formal syntaktisch ok
                          und doch falsch! */
```

Die eingerückte Schreibweise suggeriert, dass der ‚else'-Zweig zum ersten if gehören soll. Da aber keine geschweiften Klammern verwendet werden, gehört der ‚else'-Zweig definitionsgemäß zum zweiten if.

Beispiel:

```
if(zahl1 < zahl2 && zahl3 < zahl1)
{
   //Ausgabe einer Zeichenkette
   cout << "Zahl3 < Zahl1 < Zahl2";
}//if
else
       if(zahl1 > zahl2 && zahl3 > zahl1)
       {
           cout << "Zahl2 < Zahl1 < Zahl3";
       }//if
```

Mit Hilfe des logischen UND (&&) werden hier zwei Vergleiche miteinander kombiniert. Nur wenn beide Bedingungen erfüllt sind, verzweigt das Programm in die entsprechende if/else if-Klausel.

2.20.2.   Fallunterscheidung

Bei der Fallunterscheidung handelt es sich um eine Erweiterung des Konzepts der Alternativanweisung. Es werden hier mehrere Fälle unterschieden. Das programmtechnische Konstrukt ist die so genannte switch-Anweisung.

Syntaxdiagramm der Fallunterscheidung:

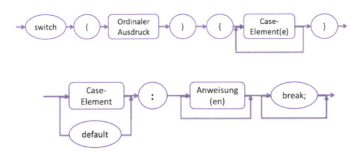

```
switch <ausdruck>
{
    case <const1> : <anweisungen>
    break ;
    case <const2> : <anweisungen>
    break ;
    //...
    default <ersatzAnweisung>
} //Ende switch
```

<ausdruck> ist ein sogenannter ordinaler Typ. Das kann eine Variable vom Datentyp **int** oder eine, die mit einem solchen verträglich ist (**bool** oder **char**), sein. Bei Verwendung von Buchstaben werden diese mit ihrem ASCII-Code identifiziert.

Hinweis: Zeichenketten sind als Case-Marken nicht erlaubt!

Die unterschiedlichen Fälle werden entsprechend des Wertes von <ausdruck> „angesprungen" und der zugehörige Anweisungsblock wird ausgeführt. Zum Verlassen eines jeweiligen Falles muss als letzte Anweisung die **break** – Anweisung stehen, die das Verlassen der **switch**-Anweisung erzwingt.

Hinweis: Da es sich bei den case-Marken um gewöhnliche Sprungziele handelt, werden auch die Anweisungen der folgenden case-Teile ausgeführt, wenn das Programm aufgrund einer Übereinstimmung des Ausdrucks mit einer case-Konstanten hinter dem betreffenen Label fortgesetzt wird!

Die Sprungmarke **default** ist optional. Dieses Ziel wird angesprungen, wenn der **switch**-Ausdruck mit keiner der **case**-Konstanten übereinstimmt.

Aufgaben:

- Implementieren Sie in einem neuen Projekt ein Menü mittels einer switch-case-Anweisung!
- Als Fälle können Sie im einfachsten Fall die Zuweisung von Werten an eine Variable verwenden. Also im Fall 1 wird der Variable der Wert 1, im Fall 2 der Wert 2 usw. zugewiesen.
- Finden Sie heraus, was passiert, wenn Sie in einem case das break vergessen!
- Für welche Fälle kann der default-Fall am Ende der Fall-Liste eingesetzt werden?
- Probieren Sie das ganze einmal mit Buchstaben aus!

2.20.3.   *WHILE-Schleife*

Bei der WHILE-Schleife handelt es sich um eine kopfgesteuerte Schleife. Das bedeutet, dass die Prüfung der Bedingung **vor** Eintritt in die Schleife ausgeführt wird. Solange das Ergebnis der Bedingung wahr ist, wird der Anweisungsblock wiederholt ausgeführt.

Syntaxdiagramm der WHILE-Schleife:

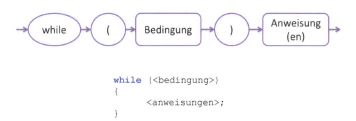

```
while (<bedingung>)
{
        <anweisungen>;
}
```

Der Ausdruck <bedingung> ist ein Boolescher Ausdruck, was bedeutet, dass das Ergebnis den Wert **true** oder **false** annehmen kann.

Die Schleife wird solange wiederholt, bis der Ergebniswert der Bedingung **false** (bzw. Null) wird.

Beispiel: Bilde die Summe der Zahlen von 1 bis 100!

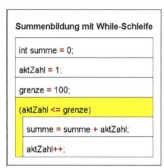

Die Variable aktAnz übernimmt hier die Aufgabe einer Zählvariablen.

```
int summe = 0;
aktZahl = 1;
grenze = 100;
while(aktZahl <= grenze)
{
   summe = summe + aktZahl;
   aktZahl++;
}
```

Hinweis: Zählvariablen müssen vor Schleifenbeginn auch wirklich initialisiert werden!

Ist die Bedingung immer wahr und kann nicht geändert werden, ergibt sich eine Endlosschleife.

```
while (true) {<anweisungen>;}
```

Aufgaben:

- Definieren Sie in einem neuen Projekt eine Zeichenkettenvariable mit dem String „Ingenieurwissenschaften"!
- Ermitteln Sie in einer while-Schleife die Positionen des Buchstabens 'e' und speichern Sie diese Positionswerte in einer Feld-Variablen vom Typ `vector`!

2.20.4. DO-WHILE-Schleife

Die DO-WHILE-Schleife ist eine fußgesteuerte Schleife. Das bedeutet, dass **vor** der Prüfung der Bedingung der Anweisungsblock der Schleife auf jeden Fall erst einmal ausgeführt wird. Der Anweisungsblock wird solange wiederholt ausgeführt, bis das Ergebnis der Bedingung den Wert **false** (bzw. Null) annimmt.

Syntaxdiagramm der DO-WHILE-Schleife:

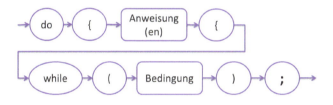

```
do {<anweisungen>;} while (bedingung);
```

Wie man sieht, wird durch die beiden Schlüsselworte **do** und **while** die Begrenzung des Anweisungsblockes vorgenommen. Geschweifte Klammern sind nur notwendig, wenn der Block aus mehreren Anweisungen besteht.

Beispiel:

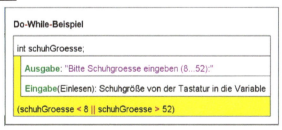

```
//...
int schuhGroesse;
do
{
    cout << "Bitte Schuhgroesse eingeben (8...52):";

    //Einlesen: Schuhgröße von der
    //Tastatur in die Variable
    cin >> schuhGroesse;
}
while(schuhGroesse < 8 || schuhGroesse > 52);
//...
```

Hinweis: Anders als bei der WHILE-Schleife muss hinter dem while-Bedingungsausdruck ein Semikolon stehen!

2.20.5.   FOR-Schleife

Die FOR-Schleife ist ebenfalls eine kopfgesteuerte Schleife. Allerdings wird hier im Schleifenkopf die Anzahl der Wiederholungen festgelegt. Das bedeutet, dass die Anzahl der Wiederholungen a priori bekannt ist. Das ist ein wesentlicher Unterschied zur WHILE-Schleife! Deshalb wird die FOR-Schleife auch als Zählschleife bezeichnet.

Im Schleifenkopf (oder vorher) wird eine Laufvariable eines ganzzahligen Datentyps (i.d.R. **int**) deklariert. Für den Start- und den Endwert werden Ausdrücke definiert.

Syntaxdiagramm der FOR-Schleife:

Der erste Ausdruck ist der Initialisierungsausdruck. Hier wird die Zählvariable auf einen Anfangswert gesetzt. Im zweiten Ausdruck wird die Abbruchbedingung formuliert (Bedingungsausdruck / Abbruchkriterium). Im dritten Ausdruck wird angegeben, welcher Veränderung die Laufvariable in den einzelnen Schleifendurchläufen (Iterationen) unterzogen wird (Schrittweite).

```
for ( <var>=<anf>; <bedingung>; <veränderung>)
{
    <anweisungen>;
}
```

Beispiel:

```
int summe = 0, grenze = 100;
for (int i=1; i<=grenze; i++) {summe = summe + i;}
```

Summenbildung mit For-Schleife

int summe = 0;

grenze = 100;

(int i=1; i<=grenze; i++)

summe = summe + i;

Wie im Syntax-Diagramm zu sehen ist, sind alle Ausdrücke optional. Allerdings müssen im Klammerausdruck auch bei Wegfall der Ausdrücke 1...3 die beiden Semikola für eine korrekte Syntax stehen.

Der Schleifenausdruck `for( ; ; ){//...}` bezeichnet eine Endlosschleife.

Sind Start- und Endwert der FOR-Schleife identisch, wird der Anweisungsblock genau einmal ausgeführt. Ist der Startwert größer als der definierte Endwert, kommt es zu keiner Ausführung des Anweisungsblockes.

Um kaum nachzuvollziehende Seiteneffekte zu vermeiden, sollte die Laufvariable (der Schleifenindex) innerhalb des Anweisungsblockes nicht durch den Programmierer verändert werden.

Erweiterte FOR-Schleifenkonstruktionen

Eine for-Schleife kann, wie die folgenden Codebeispiele zeigen, auf einfache Weise erweitert werden.

Beispiel: Zwei Variablen im Initialisierungsteil

```
for(int i = 0, j = 0; i <= 10; i++)
{
  std::cout<<"\n "<< i <<" - "<< j;
}
```

Beispiel: Zwei Laufvariablen, eine kombinierte Abbruchbedingung

```
for(int i = 0, j = 0; i <= 10 && j <= 16; i++, j += 2)
{
  std::cout<<"\n "<< i <<" - "<< j;
}
```

```
 D:\QuelltexteINF\VC++2013_WiSe\Inf

  0 - 0              5 - 10
  1 - 2              6 - 12
  2 - 4              7 - 14
  3 - 6              8 - 16
  4 - 8
```

Beachten Sie, dass die UND-Verknüpfung in der Abbruchbedingung dazu führt, dass die Schleife bei einem i-Wert von 9 abgebrochen wird, da der j-Wert nun 16 übersteigt.

Beispiel: Zwei Laufvariablen, eine Abbruchbedingung

```cpp
for( int i = 0, j = 0; i <= 10; i++, j++)
{
  std::cout<<"\n "<< i <<" - "<< j;
}
```

Verschachtelte for-Schleife

Verschachtelte Schleifenkonstruktionen benötigt man bspw. bei zahlreichen Sortieralgorithmen. Im folgenden Beispiel wird aber nur ein vereinfachter Algorithmus dargestellt, der natürlich keine Sortierfunktion realisiert.

Beispiel:

In diesem Beispiel wird die innere Schleife für jeden Wert von grenze1 genau fünfmal durchlaufen. Wir erhalten demnach genau 20 Differenzausgaben.

Verschachtelte For-Schleife

int grenze1 = 4;
int grenze2 = 5;
(int i=0; i<grenze1; i++)
(int j=0; j<grenze2; j++)
Ausgabe: i - j

```cpp
int grenze1=4, grenze2=5;
for(int i = 0; i < grenze1; i++)    //Äußere Schleife
{
    for(int j = 0; j < grenze2; j++)//Innere Schleife
    {
       std::cout << "\n " << i << " - " << j;
    }
}
```

WHILE- und FOR-Schleife sind eigentlich äquivalent und lassen sich in einander umformen.

```
for (<initialisierung>; <bedingung>; <veraenderung>)
{
      <anweisungsblock>;
}
```

Entspricht:

```
<initialisierung>
while (<bedingung>)
{
      <anweisungsblock>;
      <veraenderung>;
}
```

2.20.6.   Kontrolle mit break und continue

Die Anweisung **break** wird verwendet, um das Verlassen einer Schleife zu bewirken. Damit wird der Schleifenzyklus beendet. Wir hatte **break** bereits im Zusammenhang mit der **switch**-Anweisung (Fallunterscheidung) kennengelernt. Auch dort hatte die Anweisung dazu geführt, die übergeordnete Konstrollstruktur zu verlassen.

Hinweis: **break** *– Anweisungen sollten mit einem deutlichen Kommentar (z.B.: //EXIT!) am rechten Rand gekennzeichnet werden.*

Auch die **continue** – Anweisung wird nur im Zusammenhang mit Schleifen eingesetzt. Nach einem **continue** wird der restliche Quellcode des Schleifenkörpers übersprungen. Im Gegensatz zur **break** – Anweisung wird also nicht die gesamte Schleife, sondern *ein* Schleifendurchlauf (eine Iteration) abgebrochen.

In *WHILE*- oder *DO-WHILE*-Schleife würde nach einer **continue** – Anweisung die Bedingung geprüft werden. Die Schleife wird dann ggf. fortgesetzt.

In einer *FOR*-Schleife würde nach einer **continue** – Anweisung die Veränderung (z.B.: i++) ausgeführt und die Abbruchbedingung (z.B.: i<anzahl) erneut geprüft werden.

Beispiel:

```
char str[] = "In dieser Zeichenfolge kommt das
Zeichen e mehrfach vor";
//Variable c enthält das Vergleichszeichen
char c = 'e';
int pos = 0, laenge = 0;
//Solange das Ende von str noch nicht erreicht ist
while (str[pos])
{
      if (str[pos++]==c)
      {
            continue; //ein 'e' wurde gefunden!
      }
      /* laenge++ nur, wenn str[pos] != c
```

[61]

```
        laenge enthält die Länge der Zeichenfolge
        str ohne die Anzahl der ‚e'-Zeichen */
    laenge++;
}//End while
```

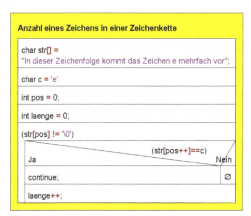

Wie man erkennen kann, existiert für `continue` kein separates Struktogrammelement.

3. Programmmodularisierung

3.1. Funktionen

Jedes Programm enthält zumindest eine Funktion. Bei
Konsolenprogrammen in C/C++ ist das die Main-Funktion.

Für einfache erste Beispiele haben wir den Quellcode unseres
Programms einfach in dieser Main-Funktion implementiert. Unsere
Programme werden aber zusehends umfangreicher. Um den Überblick
zu behalten, macht es Sinn, Programme in kleinere, übersichtlichere
Module zu zulegen.

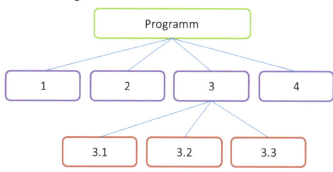

Funktionen sind also ein Mittel zur Strukturierung eines Programms.
Teilprobleme, also zusammengehörige Anweisungsfolgen, werden
durch Funktionen ersetzt.

Mit der Modularisierung wird erreicht, dass komplexere Programme
leichter zu überschauen sind, als ein großer zusammenhängender
Quelltext. Darüber hinaus ist die Erkennung und die Behebung von
Fehlern einfacher, da die Lokalisierung von Problemen in einem engen
Bereich möglich ist.

3.1.1. Funktionsdefinition

Eine Funktion besteht definitionsgemäß aus einem Funktionskopf (der
Aufruf-Schnittstelle) und dem Funktionsrumpf, der die lokale
Vereinbarungen und Anweisungen der Funktion enthält.

Formale Parameter der Parameterliste sind Parameter die mit einem
Datetyp definiert werden. Mit der Definition wird damit klargestellt,
was für einen Wert (oder mehrere) die Funktion als Eingabe erwartet.

```
<RückgabeDatenTyp> <funktionsName> (<formale Parameter-
Liste>)
{
      <block/anweisungen>;
}
```

Funktionen erhalten ggf. an ihrer Schnittstelle Eingabeparameter
(Werte) und geben ggf. einen Ergebniswert an den Aufrufer zurück:

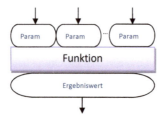

Beispiel:

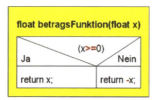

```
/*
    @Param x: Argument von dem der Betrag gebildet werden
              soll.
    Rückgabe: Betrag des Arguments
*/
float betragsFunktion(float x)
{
    if (x>=0) return(x);
    else return(-x);
} // betragsFunktion
```

Hinweis: Eine Funktion erkennt man immer an dem runden Klammern-Paar hinter dem Funktionsnamen.

Der Funktionsname ist, abgesehen von der Main-Funktion für Konsolenprogramme, frei wählbar und beginnt i.d.R. mit einem Kleinbuchstaben.

In der Liste der formalen Parameter einer Funktion werden also die so genannten Eingabeparameter der Funktion (kurz: Parameter) mit ihrem Datentyp (bei mehreren Parametern mit Kommata getrennt (Komma separiert)) aufgelistet. Man nennt diese Parameter auch ‚Argumente' einer Funktion. Eine Funktion, die bspw. die Quadratwurzel berechnet, benötigt als Argument den Wert, aus dem die Wurzel gezogen werden soll.

Liefert die Funktion ein Ergebnis, so wird der Datentyp dieses Wertes vor dem Funktionsnamen notiert.

Im obigen Funktionsbeispiel erhält die Funktion betragsFunktion() als Argument/Parameter eine Gleitpunkt-Zahl und überprüft, ob der Wert positiv ist. Die Parametervariable hat in der Funktion den Charakter einer lokalen Variablen. Die Funktion gibt also den Wert einfach wieder an die aufrufende Funktion zurück (return(x);), wenn der Inhalt von x positiv ist, ansonsten wird das

Vorzeichen des Wertes geändert und der dann positive Wert zurückgegeben. Der Rückgabewert ist also in jedem Fall ein positiver Gleitpunktwert.

Hat die Funktion keine Parameter oder/und gibt die Funktion auch kein Ergebnis an die aufrufende Funktion zurück, signalisiert man dies mit dem Schlüsselwort **void**:

```
void myFunction(void){}
```

Deklaration von Funktionen

Eine Funktion muss vor ihrem ersten Aufruf *deklariert* werden, d.h. ihr Name und Rückgabedatentyp, sowie die Datentypen, die Reihenfolge und implizit die Anzahl ihrer Parameter müssen bekannt gemacht werden. Dies geschieht in der Regel durch Angabe des *Prototyps*, der die genannten Informationen enthält.

Beispiel:

```
/* Deklaration/Bekanntmachen der Funktion (Funktions-
   Prototyp) */
float betragsFunktion(float x);

int main(void)
{
    //...
    float zahl, ergebnis;
    do{
      /* Einlesen eines Wertes von Tastatur
         in ein char-Array, Umwandlung in eine
         Gleitpunktzahl (atof()) und Speicherung des
         Wertes in der Variablen wert */
    while(...);
    ergebnis = betragsFunktion(zahl); //Funktionsaufruf
    //Ausgabe des Ergebnisses
    //...
} //Ende main

//Implementierung der Funktion betragsFunktion()wie oben
//...
```

Verwendung der Funktion (Funktions-aufruf)

Das Einlesen von Werten kann z.B. mit der Funktion scanf() (C-Programmierung) oder den Klassenobjekt cin (C++-Programmierung) realisiert werden. Wichtig ist der Funktionsaufruf! Die Funktion bekommt in den runden Klammern den Wert der Variable zahl (ohne Datentyp!) zugewiesen. Man spricht hier auch vom aktuellen Parameter (oder Aktualparameter).

Eine Funktion, die einen Rückgabewert liefert, steht immer auf der rechten Seite einer Zuweisung. Das bedeutet, die Funktion erzeugt ein Ergebnis und übergibt den ermittelten Wert z.B. an die Variable ergebnis. Das bedeutet auch, dass die Datentypen der Ergebnisvariable und des Rückgabewertes der Funktion übereinstimmen sollten. Ansonsten wird der Compiler versuchen, eine Zwangskonvertierung durchzuführen und damit sind möglicherweise Probleme vorprogrammiert (Seiteneffekte).

Zusammenfassung

Der Prototyp einer Funktion ist eine formale Vereinbarung

[65]

(Schnittstelle) zwischen dem Entwickler und dem Aufrufer der Funktion.

Diese Schnittstelle beschreibt eindeutig:

- Den Rückgabetyp der Funktion (z.B. void, int, float etc.),
- Den Funktionsnamen,
- Die Parameter, die der Funktion übergeben werden und
- Die Art der Parameterübergabe.

3.1.2. Parameter-Übergabe: „call-by-value", „call-by-reference"

Parameter können per Wert-Kopie oder als Referenz an die Funktion übergeben werden. Bei der Übergabe einer Wert-Kopie der als Parameter übergebenen Variablenwerte bleibt beim Aufrufer der Originalwert der Variable unverändert erhalten. Diese Art der Parameterübergabe wird auch „Call-by-Value" (c.b.v.) genannt. In der aufgerufenen Funktion wird dann mit der Kopie des Originalwertes gearbeitet. Ein Funktionsprototyp dieser Art der Parameterübergabe sieht dann folgendermaßen aus:

```
void xyz(int x);  //ein call-by-value-Parameter
```

oder:

```
double abc(int a, double b);  /*zwei call-by-value-
                                  Parameter*/
```

Beispiel:

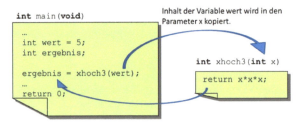

```
//
Funktionsprototyp: call-by-value-Parameter
void xhoch3( int x );

int main( void )
{
      int wert=5;
      int ergebnis;
      ergebnis = xhoch3( wert );  //Funktionsaufruf
      //Weitere Verarbeitung … Ausgabe etc.
      return 0;
}
```

```
/*
   Funktionsimplementierung mit einer Kopie des
   Originalwertes
   @Param x: Argument von dem die dritte Potenz
             gebildet werden soll.
   Rückgabe: Dritte Potenz des Arguments
*/

int xhoch3( int x ) { return x*x*x; }
```

Da die Kopie der Originalvariablen in der Funktion `xhoch3()` in der Variablen `x` gespeichert wird und diese Variable eine lokale Variable der Funktion darstellt, hätte auch eine mögliche Veränderung des Wertes der Variablen `x` in der Funktion `xhoch3()` keinerlei Auswirkung auf die Originalvariable `wert` der Main-Funktion.

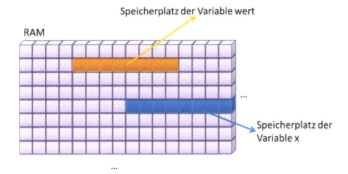

Hinweis: *Die Variablen* `wert` *der Main-Funktion und die lokale Variable* `x` *der Funktion* `xhoch3()` *belegen im Hauptspeicher des Rechners unterschiedliche Speicherplätze!*

Bei der Übergabe einer Referenz der als Parameter übergebenen Variablen („Call-by-Reference") wird anstelle mit der Kopie direkt mit dem Originalwert der Variable gearbeitet. Genauer gesagt, wird keine Wertkopie, sondern die Speicheradresse der Variablen an die Funktion übergeben. Änderungen des Parameterwertes in der Funktion wirken sich so direkt auf das Original aus. Um die Adresse einer Variablen im Speicher zu ermitteln, verwendet man den Adress-Operator („Ampersand" → &-Zeichen)

Call-by-Reference

(c.b.r.)

Ein Funktionsprototyp dieser Art der Parameterübergabe sieht dann folgendermaßen aus:

```
void xyz(int &x);        //Referenz auf int
```

Beispiel:

```
//Funktionsprototyp: call-by-reference-Parameter
void init( int &wert );

int main( void )
{
    int intWert;
    init( intWert );  //Aufruf der Funktion
    //Weitere Verarbeitung
    return 0;
}


/*
   Funktionsimplementierung mit einem
   Referenz-Parameter
   @Param. wert: Referenz auf den Originalwert des
                 Übergabeparameters
*/
void init( int &wert )
{
    wert = 0;
}
```

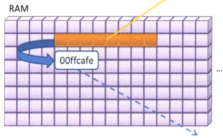

Speicherplatz der Variable intWert

RAM

00ffcafe

...

...

Speicheradresse der Variablen intWert

Hinweis: Anstelle der Übergabe einer Referenz auf die Original-Variable kann auch ein Zeiger auf die Variable verwendet werden, wenn ein Ändern der Parameter-/Variablen-Werte erforderlich ist.

Auf den Datentyp Zeiger (engl. pointer) wird in einem der nachfolgenden Kapitel noch einmal genauer eingegangen werden. Ein Zeiger erkennt man an einem Sternchen („Asterisk" → *-Zeichen) vor dem Variablennamen.

Ein Funktionsprototyp dieser Art der Parameterübergabe sieht dann folgendermaßen aus:

```
void xyz(int *x);      //Zeiger auf int
```

oder gleichwertig:

```
void xyz(int* x);      //Zeiger auf int
```

Beispiel:

```
//Funktionsprototyp: call-by-reference-Parameter
void init( int *wert );

int main( void )
{
    int intWert;
    //Aufruf der Funktion → Übergabe: Adresse
    init( &intWert );
    //Weitere Verarbeitung
    return 0;
}
/*
    Funktionsimplementierung mit einem Zeiger
    @Param. wert: Adresse der Variable des
                   Übergabeparameters
*/

void init( int *wert ) { *wert = 0; }
```

3.1.3. Inline-Funktionen

Im Normalfall existiert der Programmcode einer Funktion im Arbeitsspeicher nur einmal an einer vom Betriebssystem zur Laufzeit festgelegten Position. Wird eine Funktion im Programmverlauf aufgerufen, muss das Programm zur Speicheradresse dieser Funktion verzweigen. Das schafft zwar einen größenoptimierten Programmcode, ist aber bei häufigen Aufrufen, z.B. in einer Schleife, nicht sehr performant und führt zu Geschwindigkeitsverlusten bei der Programmabarbeitung.

Benötigt man zeitoptimierte Programme, gibt es bei C++ die Möglichkeit, Funktionen als so genannte Inline-Funktionen zu definieren. Dazu wird vor den Rückgabedatentyp das Schlüsselwort `inline` geschrieben.

Ein Programm mit Inline-Funktionen läuft schneller, da das Programm nicht erst in die Funktion verzweigen muss. Beim Kompilieren wird jeder Aufruf einer Inline-Funktion durch den Programmcode dieser Funktion ersetzt.

Hat man viele Aufrufe von Inline-Funktionen im Programmcode, wird der Bytecode des Programms dadurch zwar größer, es arbeitet aber auch schneller als ein vergleichbares Programm ohne Inline-Funktionen. Typischerweise enthalten Inline-Funktionen nur wenige Code-Zeilen. Sie werden dort eingesetzt, wo es um eine höhere Ausführungsgeschwindigkeit geht. Der Vorteil gegenüber der Verwendung von Makros besteht darin, dass bei der Parameterübergabe und der Ergebnisrückgabe vom Compiler eine Typprüfung vorgenommen wird.

Beispiel:

```
inline void init( int &wert );      //Funktionsprototyp
```

Das Schlüsselwort **inline** weist den Compiler also an, den Maschinencode für die Funktion an diejenigen Stellen zu schreiben, von denen aus die Funktion aufgerufen wird.

Hinweis: Gerade bei Funktionen mit einem kleinen Funktionsumfang kann der Funktionsaufruf genauso viel oder sogar mehr Zeit beanspruchen, als die Ausführung der aufgerufenen Funktion.

3.1.4. Funktionen mit Standardwerten(Vorgabewerte)

Bei der Deklaration des Funktionsprototyps können den Parametern Vorgabewerte zugewiesen werden. Das Ergebnis entspricht einem „Überladen" der Funktion mit unterschiedlichen Parameterzahlen.

Vorgabewerte für Parameter sind ggf. für den Benutzer der Funktion komfortabler, da Parameter mit Vorgabewerten beim Aufruf ignoriert werden können. Übergibt der Nutzer allerdings einen Wert für einen Defaultparameter, überschreibt dieser den Default-Wert.

Betrachten Sie das folgende Funktionsbeispiel:

```
int potenz(int basis, int exponent=2)

    int prod=1;

    (int i = 1; i <= exponent; i++)

        prod *= basis;

    return prod;
```

```
/*
    Potenzfunktion mit Default-Parameter
    @Param basis: Wert, von dem die Potenz
                  gebildet werden soll.
    @Param exp: Exponent mit Default-Wert 2
    Rückgabe: Potenzierter Basiswert
*/
int potenz(int basis, int exp=2)
{
    int prod=1;
    for (int i = 1; i <= exponent; i++)
    {
        prod *= basis;
    }
    return prod;
}
```

Der Parameter exponent wird mit dem Wert 2 vorbelegt. Für den Aufruf der Funktion gibt es nun mehrere Möglichkeiten:

```
/* der folgende Ausdruck ergibt 25, da für den 2.
   Parameter der Vorgabewert verwendet wird */
double ergebnis = potenz(5);
```

```
/* der folgende Ausdruck ergibt auch 25 → der 2.
   Parameter wird mit dem Wert 2 überschrieben */
ergebnis = potenz(5,2);

/* der folgende Ausdruck ergibt 81 → der 2.
   Parameter wird mit dem Parameterwert 4
   überschrieben */
ergebnis = potenz(3,4);
```

Hinweis: *Parameter mit Vorgabewerten (engl. default value) dürfen stets nur <u>am Ende</u> der Parameterliste stehen.*

Es ist auch möglich, alle Parameter einer Funktion mit Vorgabewerten zu versehen. Parameter, denen Vorgabewerte zugewiesen wurden, können dann beim Funktionsaufruf entfallen. Es sei denn, man möchte eigene Werte übergeben. Es ist aber nicht möglich, einen Parameter anzugeben, falls der Parameter in der Position davor weggelassen wurde. Der Compiler hat dann keine Möglichkeit mehr, die Werte den Parametern korrekt zuzuordnen. Dies gilt unabhängig davon, ob die Typen der Parameter gleich oder unterschiedlich sind.

Natürlich können auch bei Inline-Funktionen Standardwerte verwendet werden.

3.1.5. Variable Parameterlisten

Einer Funktion kann eine variable Zahl von Parametern übergeben werden.
```
#include <cstdarg>
using namespace std;

<Typ> fktMitVarParameterListe( <Typ> param, ... )
{
   va_list variable;   /* Damit erfolgt der Zugriff auf die
                           Parameterliste */
   va_start(variable, param );  /* Initialisierung mit dem
                                    ersten Parameter */
   <Typ> res = va_arg(variable, <Typ>);
   //…
   <Typ> res = va_arg(variable, <Typ>); //letzter Parameter
   va_end(variable );
}
```

Ein Beispiel finden Sie auf den Micosoft-Seiten für Visual Studio 2015.[3]

Aufgaben:

- Implementieren Sie in einem neuen Projekt eine Funktion rechteckFlaeche(), die die Fläche von Rechtecken/Quadraten berechnet! Die beiden Seitenlängen-Parameter sind vom Typ double und der zweite Seitenlängen-Parameter ist ein Default-Parameter und wird standardmäßig mit dem Wert -1 initialisiert.

- Wird die Funktion nun mit nur einem Parameter aufgerufen,

---

[3] https://msdn.microsoft.com/de-de/library/fxhdxye9.aspx

erkennen wir an der -1, dass es sich um die Berechnung der
Fläche eines Quadrats handeln muss.

- Testen Sie die Funktion in einer `main`-Funktion! Die Funktion
  selbst wird in der cpp-Datei nach der `main`-Funktion
  implementiert. Der Prototyp der Funktion steht vor der `main`-
  Funktion.

- Implementieren Sie in einem neuen Projekt eine Funktion
  `summeDerFeldElementWerte()`, die die Summe der Werte
  der Feldelemente eines Integer-Array's berechnet und an den
  Aufrufer zurückgibt!

- Testen Sie diese Funktion in einer `main`-Funktion in der Sie das
  Array definieren! Testen Sie die unterschiedlichen Array-Typen!

3.1.5. Überladen von Funktionen

Es macht sicherlich wenig Sinn, Funktionen, die ähnliche Aufgaben
erfüllen, verschiedene Namen zu geben. In C++ können mehrere
Funktionen mit demselben Namen verwendet werden, sofern sich ihre
Parameterlisten unterscheiden. Die Rückgabetypen der überladenen
Funktionen können gleich oder verschieden sein, solange sich die
Parameterlisten unterscheiden.

Betrachten wir einige einfache Beispiele aus der Geometrie:

```
//2D-Rechteckflächenberechnung
double getFlaeche(double a, double b);

//2D-Quadratflächenberechnung
int getFlaeche(int a);

//2D-Kreisflächenberechnung
double getFlaeche(double r);
```

Der Compiler analysiert die Parameterliste und sorgt dafür, dass in
Abhängigkeit von den übergebenen Parametern die korrekte (von den
Parametern her am besten passende) Funktion aufgerufen wird.

Die Implementierung der überladenen Funktionen sollte sich natürlich
voneinander unterscheiden. Ansonsten würde das Überladen keinen
Sinn ergeben.

3.1.6. Überladen von Operatoren

Operatoren sind spezielle Funktionen. Sie werden mit dem Operator
operator definiert. Für alle Grunddatentypen ist das Verhalten von
Operatoren, wie +, -, *, /, % etc., bereits in ANSI-C/C++ vor allem für die
arithmetischen, auf einen bestimmten Satz eingebauter Datentypen
beschränkt.

Wie sieht es aber nun aus, wenn wir zwei Dezimalbrücke, zwei
komplexe Zahlen, zwei Punkte/Vektoren im Raum oder zwei Matrizen
etc. miteinander über einen Operator verbinden wollen? Hierfür

können wir nicht die Grunddatentypen-Operatoren verwenden. In diesen Fällen bedarf es neuer, benutzerdefinierter Operator-Überladungen.

Welche Ausnahmen und Einschränkungen sind beim Überladen von C++-Operatoren überladen zu berücksichtigen **[CPlusPlus]**:

- „Es können keine neuen Operatoren definiert werden wie z.B. ein Exponential-Operator ' ** ' od. ä.

- Folgende Operatoren dürfen nur als Klassenmethoden überladen werden: ' = ', ' -> ', ' ( ) ', ' [ ] ', ' ->* '. Ausnahmen bilden auch Konvertierungsoperatoren sowie klassenspezifische Operatoren zur Speicherverwaltung.

- Folgende Operatoren dürfen gar nicht überladen werden: ' ?: ', ' :: ', ' . ', ' .* ', typeid, sizeof und die C++-Cast-Operatoren.

- Die Anzahl der Operanden, die Priorität und Assoziativität der einzelnen Operatoren ist in der Sprache festgelegt und kann nicht verändert werden.

- Mindestens ein Operand muss ein nutzerdefinierter Datentyp sein.“

<u>Syntax:</u> DTYP `operator` OPSYM(DTYP, DTYP)

Der Termin DTYP vor dem Schlüsselwort ist der Returntyp des Operators und OPSYM das Symbol des zu überladenden Operators (z.B. '+' für die Addition). Die beiden Operanden DTYP definieren den Datentyp des ersten und zweiten Operanden.

Dazu ein Beispiel. Für die Addition zweier Vektoren soll der Plus-Operator definiert werden, so dass folgende Operation möglich ist: punkt3 = punkt1 + punkt2;

Da es sich in diesem Fall um zweidimensionale Punkte handeln soll, hat jeder Punkt die Koordinate x und y. Die mathematische Addition stellt sich dann, wie bekannt, folgendermaßen dar:

$$(x, y) + (u, v) = (x + u, y + v)$$

Die Datenstruktur eines 2D-Punktes wird einfach definiert als:

```
struct punkt
{
    int x, y;
};

/*
    Überladen des Additionsoperators für die Addition von
    zwei 2D-Punkten (Vekoren)
    @Param p1, p2: Instanzen der Struktur punkt
    Rückgabe: Punktergebnis der Addition
*/
```

```
punkt operator+( punkt p1, punkt p2 )
{
    punkt ergebnis;
    ergebnis.x = p1.x + p2.x;
    ergebnis.y = p1.y + p2.y;
    return ergebnis;
}
```

Natürlich könnte man die lokale Variable ergebnis einsparen und den Code etwas smarter programmieren. Für die Übersichtlichkeit wurde hier aber die etwas ausführlichere Variante gewählt.

Ein weiteres Beispiel ist die Multiplikation eines Punktes mit einem ganzzahligen Skalar:

$$a * (x, y) = (a{*}x, a{*}y)$$

Die Koordinaten x und y sollen mit einem Faktor multipliziert werden. Als Parameter der Operator-Funktion werden nun ein Punkt und ein Faktor übergeben:

```
/*
    Überladen des Multiplikationsoperators für die
    Multiplikation eines 2D-Punktes (Vekor) mit einem Skalar
    @Param faktor: Skalarwert
    @Param p: Instanz der Struktur punkt
    Rückgabe: Punktergebnis der Multiplikation
*/
punkt operator*( int faktor, punkt p )
{
    punkt ergebnis;
    ergebnis.x = faktor * p.x;
    ergebnis.y = faktor * p.y;
    return ergebnis;
}
```

Möchte man diese Punktstrukturen/Vektoren auf der Konsole eines Rechners ausgeben, muss auch der Ausgabeoperator überladen werden:

```
/*
    Überladen des Ausgabestromoperators für einen 2D-Punkt
    (Vekor)
    @Param Stream: Referenz auf das aktuelle
                    Ausgabestromobjekt
    @Param p: Konstante Referenz der Struktur punkt
    Rückgabe: Referenz auf das aktuelle
            Ausgabestromobjekt
*/
ostream& operator<<(ostream& Stream, const punkt& p)
{
    return Stream << "(" << p.x << "," << p.y << ")";
}
```

Zu den Ein- und Ausgabeströmen finden Sie Details im Kapitel „Konsolen-Ein- und Ausgabe".

Aufgaben:

- Implementieren Sie eine Funktion, die Additonsoperator + für Dezimalbuch-Additionen überlädt!

- Wie würden Sie beim Kürzen des Bruchs vorgehen? Denken Sie z.B. an den Algorithmus des größten gemeinsamen Teilers (s. Abschnitt 7.2.4)!

- Überladen Sie Operatoren für die Verknüpfung von komplexen Zahlen und von Matrizen!

3.2. Gültigkeit von Variablen

Eine Variable besitzt, je nachdem, wo sie definiert wurde, einen ganz bestimmten Gültigkeitsbereich. Beispielsweise sind die Variablen a und b der Funktion getFlaeche() nur innerhalb dieser Funktion gültig. Mit der schließenden geschweiften Klammer des Funktionsblockes verlieren beide Variablen ihre Gültigkeit. Man spricht auch von der lokalen Gültigkeit der Variablen bezüglich des Blockes für den sie definiert wurden.

Beispiel:
```
/*
   Flächenberechnung
   @Param a,b: Seitenlängen eines Rechtecks
   Rückgabe: Berechnete Rechteckfläche
*/

double getFlaeche(double a, double b)
{
     //a,b,result → lokale Variable der Funktion
     double result = a*b;
     return result; //oder einfach return a*b;
} // a, b, result verlieren jetzt ihre Gültigkeit
```

3.2.1. Globale Variablen

Man unterscheidet globale, lokale und statische Variable. Globale Variable werden außerhalb von Funktionen deklariert. Eine globale Variable ist während der gesamten Programmlaufzeit gültig.

Jede Funktion kann diese Variable nutzen, ihren Wert aber auch nach Belieben verändern. Darin besteht auch die Gefahr dieser Art von Variablen. Während der Laufzeit komplexer Programme weiß „niemand" mehr, durch welche Funktion der Wert dieser Variable verändert wurde. Darf man dem Wert dann noch trauen?

Insofern gilt die Empfehlung nach Möglichkeit keine globalen Variablen zu verwenden. Mit ein wenig Mehraufwand kann jede Funktionalität auch mit lokalen Variablen nachgebildet werden.

Hinweis: *In der Lehrveranstaltung Informatik-I dürfen bis auf weiteres KEINE globalen Variablen verwendet werden!*

3.2.2. Lokale Variablen

Eine lokale Variable ist nur innerhalb des Blockes gültig, in dem sie deklariert wurde, also zum Beispiel in einer Funktion. Aber nicht jede lokale Variable in einer Funktion ist in der gesamten Funktion gültig. Die Gültigkeit bezieht sich immer auf den jeweiligen Block {...}, in dem die Variable deklariert wird. Das können auch verschachtelte Blöcke im Funktionsblock sein.

Beispiel:

```
/*
   Primzahlermittlung
   @Param wert: Wert, für den geprüft werden soll,
               ob es sich um eine Primzahl handelt.
   Rückgabe: Primzahl (true), keine Primzahl (false)
*/

bool istPrimZahl(int wert)
{
   bool result = false;
   if (wert<3)  return false;
   // i → lokale Variable bzgl. des Blocks
   for (int i=2; i<wert; ++i)
   {                        // der FOR-Schleife
      if (wert % i ==0) result = true;
   } // Variable i verliert jetzt ihre Gültigkeit
   /* Fehler: i ist für die nachfolgende Anweisung
      nicht mehr definiert */
   std::cout << i;
   return !result;
}
```

3.2.3. Statische Variablen (Speicherklasse: static)

Eine statische Variable, die innerhalb einer Funktion definiert wird, erhält ihren Anfangswert einmalig beim ersten Aufruf der Funktion. Da diese Variablen einen festen Speicherplatz für die gesamte Programmlaufzeit erhalten, verlieren sie zwischen mehreren Funktionsaufrufen nicht ihren Wert. Statische Variable sind demnach, wie auch die globalen Variablen, während der gesamten Programmlaufzeit gültig. Sind globalen Variablen aber stets vorzuziehen!

Hinweis: Wird kein Initialisierungswert vorgegeben, werden statische Variable automatisch mit 0 initialisiert.

Beispiel:

```
/*
   Summenbildung
   @Param wert: Wert, für den geprüft werden soll,
               ob es sich um eine Primzahl handelt.
   Rückgabe: Primzahl (true), keine Primzahl (false)
*/

int summe(int i); /*Funktionsprototyp →
Bekanntmachen
                der Funktion */
void main(void)
{
   int i, sum, grenze;

   for (i=0; i<grenze; i++)
   {
      sum = summe(i);  //Funktionsaufruf
      std::cout << "Summe für i= " <<i<< " : " << sum);
   }//for
}//main
```

[77]

```
/* Funktionsdefinition → Implementierung der
   Funktion */
int summe(int i)
{
   /* Die statische Variable wird nur beim 1. Aufruf
      mit dem Wert 0 initialisiert! */
   static int s=0;
   s = s + i ;
   return s;
}//summe
```

Mit dem Schlüsselwort **static** hat man die Möglichkeit, die Bekanntheit eines globalen Namens für eine Funktion oder eine Variable auf einen Quelltext einzuschränken.

3.2.4. Sichtbarkeit von Variablen

Seien Sie vorsichtig, wenn Sie einer lokalen Variablen denselben Namen wie einer globalen Variablen geben, sofern beide vom gleichen Typ sind. Das sollte man eigentlich vermeiden. Trotzdem sei darauf hingewiesen, dass lokale Variable immer eine höhere Priorität als globale Variable besitzen.

Es könnte also passieren, dass man unbeabsichtigter Weise mit der falschen Variablen rechnet.

Hinweis: Eine lokale Variable mit demselben Namen und Datentyp wie eine globale Variable „verdeckt" die globale Variable. Die globale Variable ist dann im Gültigkeitsbereich der lokalen Variable nicht sichtbar!

Es gibt allerdings eine Möglichkeit, auch im Gültigkeitsbereich der lokalen Variable die globale Variable zu verwenden, in dem man den **Bereichsoperator** (‚::') vor den Variablennamen setzt.

Bereichs- oder Scope-Operator

Beispiel:

```
float wert = 3.0;        //globale Variable

int main(void)
{
   //lokale Variable (neuer Speicherplatz)
   float wert = 4.0;
   cout << "\n Wert(lokal): " << wert;
   cout << "\n Wert(global): " << ::wert;
   return 0;
}
```

Generell sollten derartige Namensüberschneidungen vermieden werden!

Was ist aber, wenn man Programmteile oder Bibliotheken von anderen verwendet und die möglicherweise Bezeichner verwenden, die man selbst auch bereits eingesetzt hat oder einsetzen möchte. Der Ausweg ist die Verwendung von so genannten Namensräumen.

3.3. Namensbereiche / Namensräume

In C/C++ belegen globale Objekte (Funktionen und externe Variablen) einen Namensraum. D.h., es darf keine zwei gleichnamigen globalen Objekte geben. Es ist z.B. nicht möglich, dass eine Funktion mit dem Namen `mySquare` und gleichzeitig eine globale double- Variable mit demselben Namen existieren.

In größeren Projekts, an denen mehrere Entwickler beteiligt sind oder mehrere Softwarepakete eingebunden werden, könnten Probleme auftreten, da alle von unterschiedlichen Entwicklern oder Softwarepaketen stammenden globalen Namen eindeutig sein müssen.

C++ bietet durch *Namensbereiche* (engl. *name space*) die Möglichkeit, zusammengehörige globale Namen (Variable, Funktionen, Datentypdefinitionen, ...) zu einem Namensraum zusammenzufassen. Ein solcher Namensraum hat i.d.R. einen Namen. In ihm werden Vereinbarungen zusammengefasst.

Beispiel:

```
namespace ABC      // ABC: Name des Namensraumes
{
      // Deklaration von Funktionen und Variablen
      bool aFunction(double);
      extern double aVar;
      //...
}      // Ende des Namensraumes ABC
```

Das Schlüsselwort extern bedeutet, dass die Variable an einer anderen Stelle im Quellcode deklariert wurde.

Der Zugriff auf einen in einem Namensraum eingeführten Namen erfolgt durch explizite Qualifikation mit Hilfe des Bereichsoperators.

```
double ABC::aVar; // Deklaration der Variablen aVar
                  // aus Namensraum ABC
```

Wenn Bezeichner aus einem Namensraum verwendet werden sollen, benutzt man entweder die *using*-Direktive oder den Bereichsoperator '::'

Beispiel: Verwendung von Elementen aus den Namensraum `std` der Bibliothek `<iostream>`.

```
using namespace std;

/* jetzt ist die Verwendung von bspw. cout auch ohne
   Qualifizierer möglich oder mit Qualifizierer: */
std::cout << x << endl;   //oder
cout << x << endl;
```

3.4. Typumwandlungen

3.4.1. Compiler-Umwandlungen

Falls in Ausdrücken mehrere Datentypen verwendet werden, wandelt der Compiler, wenn notwendig, automatisch die Datentypen **bool**, **char** und **short** in den höheren Datentyp **int** bzw. **unsigned int** um. Aufzählungstypen und **wchar_t** werden bei Notwendigkeit in den ersten der Typen **int**, **unsigned**, **long**, **unsigned long**, der den Quelltyp umfasst, zwangsumgewandelt.

Ansonsten gilt die Typhierarchie:

- **long double**
- **double**
- **float**
- **unsigned long**
- **long**
- **unsigned int**

Haben zwei Operanden unterschiedliche Typen, so bestimmt der höher in der Hierarchie stehende Typ, wohin der andere Operand konvertiert wird. Das Ergebnis ist dann ebenfalls von diesem Typ. Vergleichs- und logische Operatoren bilden eine Ausnahme. Sie liefern Ergebnisse vom Typ **bool**.

Konvertierungen entgegen der Richtung, die durch die bisher aufgeführten Regeln vorgegeben ist, können z.B. bei Zuweisungen vorkommen.

Bei Umwandlungen mit booleschen Werte wird **true** zu 1 und **false** zu 0; umgekehrt werden von 0 verschiedene ganze oder Gleitkomma-Zahlen zu **true** und 0 wird zu **false.**
Bei der Umwandlung eines Gleitkommawertes in eine ganze Zahl werden die Nachkommastellen abgeschnitten (Achtung: evtl. Informationsverlust!).

3.4.2. Typumwandlungen durch den Entwickler

Der Entwickler kann nach der Syntax der Programmiersprache C den Datentyp einer Variablen bei der Zuweisung des Wertes an eine andere Variable in einen anderen Typ umwandeln, indem der neue Typ vor den Variablennamen geschrieben wird. Dabei muss entweder der Zieldatentyp oder der Variablenbezeichner geklammert werden.

Beispiel:

```
double gleitPunktZahl = 3.6;
//…
//ganzeZahl enthält den Wert 3
int ganzeZahl = (int)gleitPunktZahl;
```

C++ bietet eine Reihe sicherer Typumwandlungs-(Typecast-) Operatoren, die der alten C-Syntax vorzuziehen sind. Es gibt folgende Umwandlungsoperatoren:

- **static_cast**<Typ>(Ausdruck) → Hier erfolgt eine echte Umformung des Quelldatentyps in den Zieldatentyp,

- **reinterpret_cast**<Typ>(Ausdruck) → die interne Darstellung wird als zum Zieldatentyp gehörend interpretiert,

- **const_cast**<Typ>(Ausdruck) → Hier wird zur Umwandlung ein vorhandener **const**-Qualifizierer entfernt,

- **dynamic_cast**<Typ>(Ausdruck) → Eine zur Laufzeit überprüfte Umwandlung.

Beispiel:
```
//…
int i = 66;
char c = static_cast<char>(i);   //Typumwandlung
std::cout << c;
c = ´1´;
i = static_cast<int>(c);
std::cout << i;
//…
```

4. Konsolen-Ein- und Ausgabe

4.1. Die C-Funktion printf()

Hinweis: Für die Lehrveranstaltung (LV) Informatik-I können Sie direkt zum Abschnitt 4.4 „springen". Die Abschnitte 4.1 ... 4.3 haben für diese LV keine Relevanz!

In der Programmiersprache C wird die formatierte Ausgabe auf die Konsole mit der Funktion **printf()** realisiert. Die Funktion wird dazu verwendet, ganze Zeichenketten, die formatierte numerische Werte enthalten kann, benutzerlesbar auszugeben. Dazu muss in den Programmkode die Bibliothek <stdio.h> mit eingebunden werden.

Syntax:

```
int printf ( const char * format, ... );
```

Beispiel:

```
#include <stdio.h>
int main(void)
{
      printf("\n Geben Sie Ihren Namen ein: \n");
}
```

Sollen numerische Werte ausgeben werden, muss man in die Ausgabezeichenkette so genannte Formatanweisungen einbauen. Diese Formatanweisungen für *printf* ermöglichen:

- die Ausrichtung der Ausgabe, der Vorzeichen, des Dezimalpunkts, der folgende Nullen und der hexadezimalen Präfixe,

- die Angabe der Minimalzahl der ausgegebenen Zeichen, bei Integer-Werten die Minimalzahl der ausgegebenen Ziffern,

- die Angabe der Maximalzahl der ausgegebenen Zeichen,

- die Veränderung der Standardgröße des Arguments.

Jede Formatanweisung beginnt mit einem Prozentzeichen (%). Der Aufbau sieht folgendermaßen aus:

% [Flags] [Feldweite] [.Genauigkeit] [Modifikator] Typ

Typ	Erwartete Eingabe	Ausgabeformat
D	Integer	signed int (dezimal)
I	Integer	signed int (dezimal)
U	Integer	unsigned int (dezimal)
x oder X	Integer	unsigned int (hexadezimal), Buchstaben a/A bis f/F
F	Gleitkomma	vorzeichenbehafteter Wert der Form [-] dddd.dddd.
e oder E	Gleitkomma	vorzeichenbehafteter Wert der Form [-] d.dddd oder e/E[+/-]ddd

g oder G	Gleitkomma	vorzeichenbehafteter Wert im e- oder f-Format. Präzision gibt die Anzahl signifikanter Ziffern an.
c	Zeichen	einzelnes Zeichen
s	String-Zeiger	Ausgabe bis zu einem NULL-Zeichen oder dem Erreichen der durch Präzision vorgegebenen Zeichenzahl
%	(nichts)	Ausgabe des Zeichens %

Modifikatoren für Integer-Typen sind ‚l' für **long** und ‚h' für **short**.

Beispiele:

```
//…
printf ("Mit sechs führenden Leerstellen: %10d", 2010);

double temp = 17.7;
printf("\n Temperatur: %f °C\n", temp);
//Ausgabe mit drei Nachkommastellen
printf ("PI: %4.3f", 3.1416);
//…
```

4.2. Die C-Funktion scanf()

In der Programmiersprache C wird die formatierte Eingabe auf die Konsole mit der Funktion **scanf()** realisiert. Die Funktion wird dazu verwendet, Zeichenketten, numerische Werte über Konsole (stdin z.B. die Tastatur) einzugeben. Dazu muss in den Programmkode die Bibliothek <stdio.h> mit eingebunden werden.

Syntax:

```
int scanf ( const char * format, ... );
```

Beispiel:

```
int zahl;
scanf ("%d",&zahl);
```

Im obigen Beispiel wird die Eingabe direkt in den Speicherbereich der Variablen gelesen. Es muss also immer die Adresse der jeweiligen Variable angegeben werden.

Aktionen der Funktion **scanf**:

- Liest zeichenweise eine Folge von Eingabefeldern,

- Formatiert jedes Feld entsprechend einer korrespondierenden Formatierungsanweisung, die im Format-String *format übergeben wurde,

- Unterdrückt die Zuweisung des nächsten Eingabefeldes,

- Maximale Anzahl der zu lesenden Zeichen,

- Argumenttypmodifikation (l – long oder double, h – short),

[83]

% [*] [Feldweite] [Modifizierer] Typ

Mit **[*]** wird Eingabe eines bestimmten Typs ignoriert. Die Eingabe wird zwar entsprechend der Formatanweisung gelesen, aber nicht zugewiesen. Das ist sinnvoll, wenn man Daten aus einer Datei einliest, sich jedoch für gewisse Datenfelder nicht interessiert.

In der Variablenliste muss die Angabe der <u>Adresse</u> der Variablen erfolgen.

Mit Hilfe des Formatstrings %s für Zeichenketten lässt sich die Eingabelänge begrenzen. In der folgenden scanf()-Anweisung werden nur die ersten zehn eingegebenen Zeichen berücksichtigt:

<u>Beispiel:</u>

```
scanf("%10s", zeichenKette);
```

Für den Fall, dass die Zeichenkette maximal zehn Zeichen speichern kann, wird somit sichergestellt, dass keine Eingabe die Feldgrenzen verletzen kann.

Programme müssen oft Daten auch über die Einschaltzeit des Computers hinaus speichern. Die Daten werden dann auf nichtflüchtigen Speichermedien, wie Festplatte oder Memory-Stick, gespeichert.

Weitere Ein-/Ausgabefunktionen, die von <stdio.h> zur Verfügung gestellt, hier aber nicht weiter erläutert werden, sind die Funktionen:

```
fprintf, fscanf    → formatiert Ein-/Ausgabe für C-Dateien
putc, fputc, getc, fgetc → zeichenweise Ein-/Ausgabe
fputs, fgets       → Ein-/Ausgabe von Zeichenketten
fwrite, fread      → binäres Schreiben/Lesen in/aus C-
Dateien
```

Bei intensiver Nutzung von Daten Schritt vom dateibasierten Programm zu einem datenbankbasierten Programm (Datenbank)

4.3. Die C-Funktion sprintf()

Mit der Funktion **sprintf()** lassen sich Zeichenketten auf einfache Weise zusammensetzen.

<u>Syntax:</u>

```
int sprintf ( char* str, const char* format, ... );
```

<u>Beispiel:</u>

```
char text[50];
int n, a=5, b=3;
anzahl = sprintf (text, "%d + %d = %d", a, b, a+b);
printf ("[%s] ist ein Text mit %d Zeichen.\n", text,
anzahl);
```

In einem zweiten Beispiel wird eine Zeichenkette aus zwei anderen Zeichenketten zusammensetzt.

```
char zeichenKette1[] = "Matrikel";
char zeichenKette2[] = "-Nummer";
char zeichenKette3[20];

sprintf(zeichenKette3,"%s%s",zeichenKette1,zeichenKette2);
printf ("[%s]\n", zeichenKette3);
```

Aus den Zeichenketten „Matrikel" und „-Nummer" wird eine dritte Zeichenkette „Matrikel-Nummer" erzeugt.

4.4. Die Funktionsobjekte der iostream-Bibliothek

Die Bibliothek <iostream> ist eine objektorientierte Bibliothek, die Eingabe- und Ausgabe-Funktionalität unter Verwendung von Datenströmen (engl. data streams) zur Verfügung stellt. (#include <iostream>)

Ein Strom (engl. Stream) ist eine Abstraktion, die ein Gerät darstellt, auf dem Ein- und Ausgabeoperationen ausgeführt werden. Ein Strom kann als eine Zeichenquelle oder -Senke undefinierter Länge dargestellt werden.

Die Funktionsobjekte heißen:

- cin → Standardeingabe (i.d.R. Tastatur)
- cout → Standardausgabe (i.d.R. Bildschirm)
- cerr → Fehlerausgabe (i.d.R. Bildschirm)
- clog → Gepufferte Standardfehlerausgabe

Die Ein- und Ausgabe mit „Streams" wird für die Konsole, für die Behandlung von Dateien und für den Arbeitsspeicher zur Verfügung gestellt:

	Konsole (Standard)	Datei	Speicher
Ausgabe	ostream	ofstream	ostrsteam
Eingabe	istream	ifstream	istrstream
Ein-/Ausgabe	iostream	iofstream	strstream
Einzubindende Bibliotheksdatei	<iostream>	<fstream>	<strstream>

Für den Eingabe-Strom cin wird der Eingabestrom-Operator '>>' verwendet. Der Eingabestrom-Operator:

- führt die Eingabe über die Tastatur oder ein anderes Eingabegerät durch,

[85]

- konvertiert diese entsprechend dem Typ der Variablen auf der rechten Seite,
- liefert ein Objekt **cin** zurück (L-Value), womit eine Verkettung von aufeinanderfolgenden Eingaben möglich wird.
- Sonderzeichen, wie Leer-, Tabulator- und Zeilenwechselzeichen werden überlesen.
- Die Konvertierung der eingegebenen Zeichen in den gewünschten Zieldatentyp wird ausgeführt, bis ein Zeichen auftritt, das nicht konvertiert werden kann. In diesem Fall wird das Einlesen abgebrochen und die restlichen eigegebenen Zeichen verbleiben im Puffer des Eingabestroms. Es kommt in diesem Fall zu einem *Lesefehler*, der behandelt werden muss!

Für den Ausgabe-Strom **cout, cerr** wird der Ausgabe-Operator '**<<**' verwendet. Der Ausgabestrom-Operator

- führt die Ausgabe auf den Bildschirm oder ein anderes Ausgabegerät durch,
- konvertiert die interne Darstellung des jeweiligen Datentyps in eine Folge von Zeichen und
- liefert ein Objekt **cout** zurück (L-Value), womit eine Verkettung von aufeinanderfolgenden Ausgaben ebenfalls möglich wird.

Beispiel:

```
int i;
cout << i;
int i = 2;
double a = 2.5;
cout << i << '\n' << a;
```

Da cin und cout Klassenobjekte sind (Erklärung folgt später!), verfügen sie über eine Funktionsschnittstelle, über die der Entwickler weitere Funktionen aufrufen kann. Im Folgenden werden einige Funktionen am Beispiel vorgestellt:

Einzelnes Zeichen lesen (auch Whitespace):

```
char c;
cin.get( c );  //liest ein Zeichen inkl. Whitespace
```

Eine Zeile lesen:

```
char zeile[ANZ];
cin.getline( zeile, ANZ );
```

Die Funktion getline() liest maximal ANZ Zeichen in die Variable zeile einschließlich aller vorkommenden Whitespace-Zeichen oder bis die Eingabe mit der RETURN-Taste beendet wird.

Anstelle der Konstanten ANZ kann als zweiter Parameter bei cin.getline() auch der **sizeof()**-Operator auf das **char**-Array, das als erster Parameter verwendet wird, eingesetzt werden.

Zeichenketten sind nullterminiert und somit wird auch für das Endekennzeichen '\0' ein Bit benötigt! Anstelle von ANZ müsste man demnach sizeof(zeile)-1 angeben.

Möglich ist auch die Verwendung eines Zeigers auf **char**:

```
char *pZeile;
cin.getline(pZeile, 80);
cout << "Eingabezeile: " << pZeile << endl;
```

Eine Zeichenkette bis zum ersten Whitespace lesen:

```
char text[80];
cin >> text;    //Eingabe: Ein Text
cout << text;   //Ausgabe: Ein
```

Bei der Betrachtung der Kommentare im Beispiel wird klar, dass das Klassenobjekt cin Whitespace-Zeichen, wie das Leerzeichen als Trenner betrachtet! Es wird demnach nur der Inhalt der Zeichenkette bis zum Trenner ausgegeben. Dieses, möglicherweise unerwünschte Verhalten kann durch die Verwendung von getline() vermieden werden.

4.5. Manipulatoren

Manipulatoren dienen der Formatierung der Ein- und Ausgabe mit den Klassenobjekten der Bibliothek <iostream>.

Um mit den Klassenobjekten der Manipulatoren arbeiten zu können, bindet man die Bibliothek **<iomanip>** in den Quelltext ein. Die folgenden wichtigen Manipulatoren werden häufig verwendet:

Manipulator	Beschreibung/Beispiel
setw(int i)	Festlegen der Feldbreite für die nächste Ausgabe-Operation (und nur für diese) Parameter i: Breite der Ausgabe in Zeichen Beispiel: cout << setw(5) << myValue;
fixed	Erzwingt die Festpunktdarstellung (z.B.: 32.2)
setprecision(int i)	Legt die Anzahl der Nachkommastellen fest (*nur im Zusammenhang mit fixed*) Beispiel: cout << fixed << setprecision(2) << myFloatValue;
scientific	Erzwingt die Exponentialdarstellung (z.B.: 3.72e+01)
flush	Der Ausgabepuffer wird geleert

	und sein Inhalt unverzüglich zum festgelegten Ziel geschrieben.
`left, right`	Links- bzw. rechtsbündige Ausgabe
`endl`	Einfügen eines Zeilenumbruchs Alternativ kann in einer Zeichenkette das Escape-Zeichen `'\n'` verwendet werden.
`setf(ios::flag), setiosflags(ios::flag)`	Dauerhaftes Setzen von Ausgabeformatierungsflags

Hinweis: Numerische Werte werden in der Ausgabe häufig rechtsbündig ausgegeben!

Beispiel:

```
/* Definition der Funktion prtBetrag: * Eine Betragszeile,
bestehend aus einem Text und einem * Betrag, ausgeben. */
void prtBetrag (string Text, double Betrag)
{
  streamsize p = cout.precision();
  cout << left              // linksbündig
       << setw(17)          // in einem Feld der Breite 17
       << Text
       << fixed             // Festkommadarstellung
       << right             // rechtsbündig
       << setprecision(2)   // mit 2 Nachkommastellen
       << setw(10)          // in einem Feld der Breite 10
       << Betrag            // Nachkommastellen zurücksetzen
       << setprecision(p)
       << endl;
       // auf Default-Gleitkommaformat zurück setzen:
  cout.setf(ios_base::fmtflags(0),
            ios_base::floatfield);
}
```

Einige der Manipulatoren besitzen eine äquivalente Methode, die in den Stream-Klassen eingebaut wurde. Diese Methoden liefern die gleiche Funktionalität wie die Manipulatoren. Sie werden über den Namen des Streams (cin, cout etc.) aufgerufen:

Manipulator	Äquivalente Methode	Beispiel
`setw()`	`width()`	`cout.width(5);`
`setfill()`	`fill()`	`cout.fill('*');`
`setprecision()`	`precision()`	`cout.precision(2);`

Wird im Zusammenhang mit `cin` eine fehlerhafte Eingabe durchgeführt, kann es zu unvorhergesehenen Laufzeitfehlern kommen. Nach jeder Eingabe sollte der Eingabepuffer gelöscht werden. Dies trifft insbesondere zu, wenn in einer Schleife Eingaben iterativ erfolgen.

Bessere Methoden der Fehlerbehandlung werden wir im Zusammenhang mit der Objektorientierung kennenlernen.

```cpp
#include <limits>
#include <iostream>
using namespace std;
// Funktion read() ohne Parameter, liefert double
double read (void)
{
    double x;
    cin >> x;
    // Ist eine fehlerhafte Eingabe aufgetreten?
    if(cin.fail())      //alternativ: if (!cin)
    {
      // Löschen der Fehler-Flags
      cin.clear();
      // Löschen des Eingabe-Puffers
      cin.ignore(numeric_limits<int>::max(),'\n');
      //Aufruf einer Funktion
      ausgabe ("Fehler bei der Eingabe");
      exit(1); // Programm beenden
    }
    //…
    return x;
}
```

Unvollständiges Beispiel (Bitte so **nicht** verwenden!)

Diese Variante ist allerdings nicht wirklich zielführend. Würde ein Programm infolge einer fehlerhaften Eingabe des Benutzers nach einer Fehlerausgabe direkt beendet werden, wäre das Programm praktisch nicht einsetzbar bzw. mindestens benutzerunfreundlich.

Ein sinnvoller und praktikabler Ansatz könnte sein, den Benutzer solange in einer Eingabeschleife zu halten, bis die Eingabe korrekt ausgeführt wurde. Natürlich müsste der Prozess durch hilfreiche (!) Fehlermeldungen begleitet werden.

Fehler beim Einlesen von Werten von der Konsole kommen i.d.R. nur vor, wenn numerische Werte (Zahlen) eingelesen werden sollen. Im Falle von Zeichenketten ist das Fehlerrisiko darauf beschränkt, dass möglicherweise das **Char**-Array für die einzulesende Zeichenkette zu klein bemessen wurde.

Fehler-überprüfung ohne Programm-abbruch

Ein sinnvoller Ansatz besteht also darin, numerische Werte in eine Zeichenkettenvariable (Puffer) zu lesen und nachfolgend mit geeigneten Standard-Funktionen in einen numerischen Zielwert umzuwandeln. Treten bei der Umwandlung Probleme auf, wird auch hier eine Fehlermeldung ausgegeben und der Benutzer erneut aufgefordert, einen korrekten Wert einzugeben.

Mögliche Standardfunktionen für den Umwandlungsprozess sind:

atoi() → Prototyp: `int atoi(const char *string);`
atof() → Prototyp: `float atof(const char *string);`

Header-Datei: stdlib.h (C) or cstdlib (C++)

Eingabe-kontrolle: Vorgeschlagene Vorgehensweise

Hinweis: Beachten Sie die Negation in der Alternativ-anweisung vor der Funktion `isdigit()`!

In diesem Fall kommt es zu keinen Fehlern beim Einlesen von der Tastatur. Die Kontrolle ist sehr einfach und überprüft nur, ob es sich beim gespeicherten Inhalt des Puffers um Zahlen handelt. Dabei wird natürlich nicht der gesamte Pufferinhalt überprüft, sondern nur der Teil, der durch die Eingabe belegt wurde. Dafür sorgt die Funktion `strlen()`, die die Anzahl gespeicherter Zeichen (Character) zurückliefert.

Diese Vorgehensweise kann man leicht auch auf Gleitpunktzahlen übertragen (Funktion `atof()`). Allerdings muss dann neben Ziffern auch der Dezimalpunkt zugelassen werde. Dieser darf dann natürlich als Zeichen nur einmal auftreten!

Natürlich ist es denkbar, ohne Überprüfung auf Ziffern und ggf. des Dezimalpunkts den Inhalt des Puffers direkt an die Funktionen `atoi()` bzw. `atof()` zu übergeben. Enthält das char-Array im Fehlerfall nichtnumerische Zeichen liefern die Funktionen den Wert 0 zurück. Ist der Wert 0 eine gültige Zahl kommt man um die Kontrolle mit einem Schleifenkonstrukt nicht herum.

Beispiel: Funktion zur Umwandlung des Inhalts eines `char`-Arrays in einen `double`-Wert

Hinweis: Diese Funktion kann zur Kontrolle bei der Eingabe numerischer Werte über die Tastatur in den Praktika eingesetzt werden.

In einer `switch`-Anweisung wird in den einzelnen Fällen überprüft, ob ein jeweiliges Zeichen in einem `char`-Array ein Vorzeichen, ein Punkt oder eine Ziffer zwischen 0 und 9 ist.

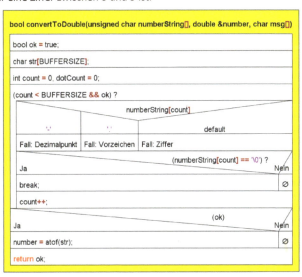

Ein Dezimalpunkt kann nur einmal aber an einer beliebigen Stelle in einer Gleitpunktzahl auftreten. Deshalb wird hier ein Extrazähler eingeführt.

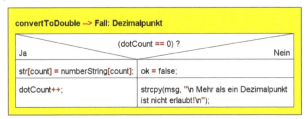

Ein Vorzeichen kann ebenfalls nur einmal und nur an der Indexposition 0 auftreten.

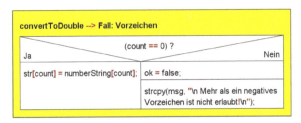

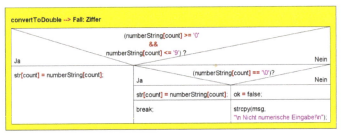

Die Bibliothek <cctype> stellt übrigens noch weitere Test- und Umwandlungsfunktionen für Zeichen (Datentyp: char) zur Verfügung. Hier ein kleiner Überblick über die Möglichkeiten:

isalpha(i)   → Ist i ein Buchstabe?

isdigit(i)   → Ist i eine Ziffer?

isupper(i)   → Ist i ein Groß-Buchstabe?

islower(i)   → Ist i ein Klein-Buchstabe?

isalnum(i)   → Ist i ein Buchstabe oder eine Ziffer?

isspace(i)   → Ist i ein Zwischenraum-Zeichen („White-Space")?

toupper(i)   → liefert den i entsprechenden Groß-Buchstaben

tolower(i)   → liefert den i entsprechenden Klein-Buchstaben

ASCII-To-...

atof(s)   → wandelt eine Zeichenkette in eine Gleitpunktzahl

atoi(s)   → wandelt eine Zeichenkette in eine Ganzzahl

[92]

5. Datums- und Zeitfunktionen

Für den Umgang mit Datum und Zeit stellt C++ spezielle Datentypen zur Verfügung.
Die Zeit wird in zwei Formen bereitgestellt. Zum einen wird der Zeitabstand zum 1. Januar 1970, 00:00:00 (Greenwich Mean Time) in Sekunden gezählt. Dies entspricht der Zeitdarstellung in Unix-Betriebssystemen. Zum anderen wird die verbrauchte CPU-Zeit in sogenannten Taktzyklen (Ticks) gezählt.

5.1. Zeit-Datentypen

Über die Header-Datei `<time.h>` werden die folgenden Datentypen definiert:

- `time_t` → definiert den Wert, den die in `<time.h>` deklarierten Zeitfunktionen verwenden. Basis ist der Zeitabstand zum 1. Januar 1970, 00:00:00 (Greenwich Mean Time) in Sekunden.
- Strukturtyp `tm`
- `clock_t` → CPU-Zeit

Syntax:

```
typedef long time_t;

struct tm
{
    int tm_sec;     // Sekunden
    int tm_min;     // Minuten
    int tm_hour;    // Stunden (0...23)
    int tm_mday;    // Tag des Monats (1...31)
    int tm_mon;     // Monat (0...11)
    int tm_year;    // Jahr (Kalenderjahr-1900)
    int tm_wday;    // Wochentag (0...6; So ist 0)
    int tm_yday;    // Tag des Jahres (0...365)
    int tm_isdst;   // 0, wenn Sommerzeit unberücksichtigt
};
```

Das Flag `tm_isdst` gibt an, ob die Zeitverschiebung durch die Sommerzeit berücksichtigt werden soll.

5.2. Zeit- und Datumsfunktionen

- `time()` → Ermittelt die Tageszeit, gibt die aktuelle Uhrzeit in Form der seit 1. Januar 1970, 00:00:00 GMT, verstrichenen Sekunden zurück und speichert diesen Wert.

  Beispiel:

  ```
  #include <time.h>
  //...
  time_t time(time_t *t); //oder: t = time(NULL);
  ```
  Als Funktionsparameter kann auch der NULL-Zeiger übergeben

werden.

Hinweis: Datum und Uhrzeit sind nur dann korrekt, wenn die Systemuhr auf dem Ziel-Host korrekt eingestellt wurde.

Die Angaben werden durch die Angabe der Zeitzone und der Festlegung zur Verwendung der Sommerzeit beeinflusst.

- `localtime()` → Konvertiert Datum und Zeit in eine Struktur vom Typ `tm`. Die Funktion akzeptiert die Adresse eines von `time()` zurückgegebenen Werts und gibt einen Zeiger auf eine Struktur des Typs `tm` zurück, die diverse Zeitwerte enthält. Die Zeitzone und gegebenenfalls Sommerzeit werden berücksichtigt. Die Einstellung von Zeitzone und Sommerzeit kann über mit Hilfe der Funktion `tzset()` verändert werden.

  Syntax:

  ```
  struct tm *localtime(const time_t *timer);
  ```

- `mktime()` → Konvertiert Zeitangaben, die in einer Struktur des Typs `tm` vorliegen, in das interne Format vom Typ `time_t`. Kann die Kalenderzeit nicht dargestellt werden, so liefert `mktime()` den Wert -1 zurück. Die zulässige Bereich für die Kalenderzeit liegt zwischen dem 1. Januar 1970 00:00:00 und dem 19. Januar 2038 03:14:07.

  ```
  #include <time.h>

  time_t mktime(struct tm *t);
  ```

  Die Funktion `mktime()` ermöglicht, sich selbst ein Datum z.B. in der Zukunft zu erzeugen, um möglicherweise bei Erreichen diese Datums Prozessabläufe zu modifizieren.

- `clock()` → Liefert die verbrauchte CPU-Zeit seit dem Programmstart in Taktzyklen (Ticks) zurück. Wird die verbrauche Zeit in Sekunden benötigt, so muss der durch die Funktion `clock()` ermittelte Wert durch die Konstante `CLOCK_PER_SEC` dividiert werden. Diese Funktion kann u.a. für Laufzeitmessungen in Programmen verwendet werden.

  ```
  #include <time.h>

  clock_t clock(void);
  ```

- `strftime()` → Formatiert die Uhrzeit für die Ausgabe als Zeichenkette.

  Syntax:

  ```
  #include <time.h>
  ```

```
/*
   Umwandlung und Formatierung einer Zeitangabe
   @Param s: Zeit-String (char-Array)
   @Param maxSize: Größe in Byte des Zeit-Strings
   @Param fmt: Format-String (Ausgabeformatierung)
   @Param t: tm-Instanz mit den Zeit- und Datums-
             Elementen
   Rückgabe: Byte-Anzahl
*/
size_t strftime(char *s, size_t maxsize, const
                char *fmt, const struct tm *t);
```

Die Funktion formatiert die Uhrzeit im Argument `t` und gibt sie in die Zeichenkette aus, auf die das Argument `s` zeigt.

Bei der Formatierung werden die in `fmt` enthaltenen Format-Anweisungen angewandt. Der Format-String besteht aus keinem oder mehreren Format-Deskriptoren und normalen Zeichen (s. nachfolgende Tabelle). Eine Anweisung besteht dabei aus dem Prozentzeichen (`%`), gefolgt vom Format-Zeichen. Alle normalen Zeichen werden unverändert kopiert. Es werden maximal `maxsize` Zeichen nach `s` geschrieben.

Rückgabewert:
Die Funktion liefert die Anzahl der Zeichen zurück, die nach `s` geschrieben wurden. Ist die Anzahl der benötigten Zeichen größer als `maxsize`, so wird 0 zurückgeliefert.

Format-Deskriptoren:

Format-Zeichen	Beschreibung
%%	% Zeichen
%a	Abgekürzter Wochentagname
%A	Vollständiger Wochentagname
%b	Abgekürzter Monatsname
%B	Vollständiger Monatsname
%c	Datum und Uhrzeit
%d	Zwei Ziffern für den Tag im Monat (01 - 31)
%H	Zwei Ziffern für die Stunde (00 - 23)
%I	Zwei Ziffern für die Stunde (01 - 12)
%j	Drei Ziffern für den Tag im Jahr (001 - 366)
%m	Zwei Ziffern für den Monat als Dezimalzahl (1 - 12)
%M	Zwei Ziffern für die Minute (00 - 59)
%p	AM oder PM (vormittags oder nachmittags)
%S	Zwei Ziffern für die Sekunde (00 - 59)
%U	Zwei Ziffern für die Wochenzahl, wobei der Sonntag den ersten Tag der Woche darstellt (00 - 53)
%w	Wochentag, wobei 0 dem Sonntag entspricht (0 - 6)
%W	Zwei Ziffern für die Wochenzahl, wobei der Montag den ersten Tag der Woche darstellt (00 - 53)
%x	Datum
%X	Uhrzeit

%y   Zwei Ziffern für das Jahr ohne Jahrhundert (00 - 99)

%Y   Jahr mit Jahrhundert

%Z   Name der Zeitzone oder keine Zeichen, wenn keine Zeitzone festgelegt ist.

<u>Beispiel:</u>

```
struct tm *time_now;     //Zeit-
Strukturvariable
time_t secs_now;           //Variable
time(&secs_now);  /* call-by-reference-
                   Parameter */
/*Funktion: localtime()
  --> konvertiert Zeit in eine tm-Struktur
 (inklusive der Berücksichtigung der
  Sommerzeit */
time_now = localtime(&secs_now);
char cZeitString[9];
strftime(cZeitString, 9, "%H:%M:%S",
time_now);
//…
```

5.3. Weitere Zeitfunktionen

- **ctime()** → Konvertiert einen time_t Wert in einen String
- **asctime()** → Konvertiert eine tm Struktur in einen String
- **gmtime()** → Konvertiert einen time_t Wert eine tm Struktur als UTC-Zeit
- **difftime()** → Liefert die Differenz zwischen zwei Zeiten.

6. Template-Funktionen

Funktionen bzw. die in ihnen umgesetzten Algorithmen sind bisher immer spezifisch auf einen ganz bestimmten Datentyp festgelegt. Nehmen Sie z.B. eine Sortierfunktion, die die Werte eines Arrays in eine geordnete Reihenfolge bringen soll. Die entsprechende Funktion wird dann bspw. für Ganzzahlwerte eines int-Array's umgesetzt. Möchte man diesen Sortieralgorithmus für die Werte eines double-Array's, eines string-Array's oder eines Array's mit Produktdatensätzen verwenden, ist in jedem Fall eine Neuimplementierung des Algorithmus erforderlich.

Wünschenswert wäre nun eine Datentyp-Unabhängigkeit der Algorithmen-Struktur. Die Idee besteht darin, den Datentyp erst bei der tatsächlichen Verwendung einer solchen Funktion (nicht bereits aber bei deren Definition oder Deklaration) festzulegen.

Die Lösung sind Template-Funktionen. Das Template-Argument bestimmt den Datentyp, mit dem die Funktion aufgerufen wird.

Schablonen

Die Definition einer Template-Funktion wird im Folgenden exemplarisch anhand einer Vertauschungsfunktion dargestellt:

```
template<typename T> void swap(T &a, T &b)
{
    T tmp = a;
    a = b;
    b = tmp;
}
```

Definition einer Template-Funktion

Die Definition und Deklaration von Template-Funktionen erfolgt durch das Schlüsselwort template. Danach folgt in spitzen Klammern <> die Angabe des/der Template-Parameter. T ist der generische Parameter-Datentyp. Wir erkennen, dass die beiden Parameter a und b nun vom generischen Datentyp T sind.

Die Benutzung einer Template-Funktion erfolgt wie die einer normalen Funktion:

```
void main(void)
{
    // ...
    int a=4;
    int b=5;
    swap( a, b ); //Aufruf der Template-Funktion
}
```

Aufruf/Verwendung einer Template-Funktion

Der Compiler speichert die Template-Definitionen zunächst intern. Im vorstehenden Beispiel erfährt der Compiler anhand des Datentyps der beiden Parameter a und b, dass das Muster der swap-Funktion für den Datentyp T=int instanziert werden muss. Erst jetzt wird der notwendige Objektcode erzeugt. Aus der Schablonendefinition wird jetzt eine Funktionsdefinition. Dieser Vorgang wird als Instanziierung einer Schablone bezeichnet. Die Funktion wird sofort übersetzt.

Die Funktionskörper müssen bei der Übersetzung des Programms für den Compiler sichtbar sein.

Schablonen werden üblicherweise in einer Kopfdatei (Header-Datei) deklariert als auch definiert.

Im Gegensatz zu Nicht-Template Funktionen ist dabei keine Inline-Qualifizierung erforderlich.

Es gibt Situationen, wo es nicht möglich ist, alle benötigten Datentypen an der Argumentliste der Funktion abzulesen. Dies ist z.B. dann der Fall, wenn ein Template - Parameter nur im Rückgabewert oder innerhalb des Funktionskörpers auftritt.

Beispiel:

```cpp
template<typename T> T random()
{
    T number;
    // ... Berechne Zufallszahl
    return number;
};

//Funktionsaufruf
void main(void)
{
    double number = random<double>();
    // ...
}
```

Hier wird beim Funktionsaufruf in spitzen Klammern mitgeteilt, von welchem Datentyp die gewünschte Zufallszahl sein soll.

Die Instantiierungsregeln sind, wie folgt, festgelegt:

* Die Instanziierung erfolgt durch den Compiler, wenn ein Funktionsaufruf erkannt wird und (noch) keine passende Funktion mit dem Zieldatentyp vorhanden ist.
* Für jeden Datentyp wird die Schablone nur (maximal) einmal instanziert. Weitere Aufrufe verwenden eine bereits vorhandene Funktionsinstanz.
* Die instanzierten Funktionen überladen sich und haben alle die gleiche Implementierung.

7. Intermezzo: Einfache Algorithmen

Im Folgenden soll der Inhalt des vorhergehenden Kapitels durch weiterführende und ergänzende Beispiele gefestigt werden. Es geht dabei nicht um Vollständigkeit, sondern vielmehr darum Probleme zu diskutieren und deren Lösung im Quellcode zu veranschaulichen. Vorrang hat dabei die Verständlichkeit des Quelltextes. Nicht immer wird dabei die effizienteste Lösung umgesetzt. Zunächst geht es einmal darum eine Lösung für ein Problem zu finden. Im Verlauf werden aber zu manchen der Problemstellungen alternative Lösungen diskutiert und ungesetzt.

7.1. Was ist ein Algorithmus?

Ein auf einem Computer ausführbarer Algorithmus ist eine eindeutige, ausführbare Folge von Anweisungen zur Lösung eines Problems (Lösungsverfahren). Man spricht in diesem Zusammenhang auch allgemein von einer formalen Handlungsvorschrift zur Lösung eines Problems in endlich vielen Schritten. **[Wikipedia]**

Stellen Sie sich vor, Sie sollen zwei Zahlen addieren. Es ist zu klären, woher kommen die beiden Zahlen, wo werden Sie gespeichert und was soll mit dem Ergebnis der Addition geschehen.

Zu den Eigenschaften von Algorithmen zählen Allgemeinheit, Eindeutigkeit, Ausführbarkeit, Endlichkeit und Determiniertheit.

Ein Algorithmus ist allgemeingültig, da mit ihm eine Vielzahl von Problemen der gleichen Art gelöst werden kann. Das konkrete Problem wird auf einer konkreten Hardware mit einer speziellen Programmiersprache und entsprechenden Parametern spezifiziert.

Der Ablauf eines Algorithmus muss eindeutig festgelegt sein. An jeder Stelle im Ablauf ist klar definiert, was zu tun ist und welcher Schritt folgt. Dafür muss jede Anweisung unmissverständlich formuliert sein.

Jede einzelne Anweisung eines Algorithmus muss vom Computer ausführbar sein.

Ein Algorithmus ist endlich, d. h. er besteht aus einer determinierten Anzahl von Anweisungen mit begrenzter Länge.

Für die praktische Umsetzung wird vor allem determiniertes und endliches Verhalten vorausgesetzt. Wird ein Algorithmus mehrmals mit den gleichen Parametern und Randbedingungen ausgeführt, so liefert er stets das gleiche Ergebnis. Nach einer endlichen Anzahl von Schritten ist der Algorithmus beendet und liefert ggf. ein Ergebnis.

Hinweis: In [Wikipedia] sind weitere allgemeine Anforderungen an Algorithmen definiert. Im Zusammenhang mit dem Algorithmus-Begriff wird dort auch der Begriff der Turing-Maschine und der abstrakten Automaten erörtert.

7.2. Allgemeine Algorithmen strukturierter Programmierung

Oft lassen sich die nachfolgenden Algorithmen kompakter formulieren, als das hier demonstriert wird. Auf eine kompaktere Darstellung des Quellcodes wurde dennoch aus Gründen der Übersichtlichkeit für Programmieranfänger verzichtet.

7.2.1. Rekursion

Rekursion bezeichnet die Definition eines Problems durch sich selbst (Selbstbezüglichkeit eines Algorithmus oder eines (Teil-)Programms). Eine Prozedur/Funktion ruft sich selbst direkt oder indirekt auf. Damit ergibt sich eine Datenstruktur, die Elemente enthält, die wie die Datenstruktur selber aufgebaut sind.

Man unterscheidet vor allem die mehrfache (mehrere rekursive Aufrufe stehen nebeneinander → Fibonnaci-Zahlen), verschachtelte (Rekursion, bei welcher rekursive Aufrufe in Parameterausdrücken rekursiver Aufrufe vorkommen.[4]) und einfache/lineare Rekursion. In zahlreichen Algorithmen spielt vor allem die lineare Rekursion eine zentrale Rolle.

Dabei wird festgelegt, dass im Fall der rekursiven Definition höchstens ein rekursiver Aufruf in einer Anweisung vorkommen darf.

Ein bekanntes Beispiel eines rekursiven Algorithmus ist die Berechnung der Fakultät:

Definition: $0! = 1$
               $n! = n * (n-1)!$

Wir werden gleich sehen, dass bei der einfachen Rekursion ein Schleifenkonstrukt durch den rekursiven Aufruf ersetzt wird. Genau wie in einer Schleife benötigen wir bei der Rekursion eine Abbruchbedingung. Diese Bedingung legt fest, wann eine Kette rekursiver Aufrufe in einem Algorithmus terminiert.

Bei der Fakultätsberechnung ist es die Bedingung $0! = 1$.

Wir sehen, dass der rekursive Aufruf der Fakultätsfunktion solange mit dekrementiertem Argument aufgerufen wird, bis der Wert 0 erreicht wird. Die Faktoren werden von der Laufzeitumgebung auf dem Stack gespeichert und bei der Rückkehr aus der Rekursion miteinander

---

[4] Wikipedia

multipliziert.

Bei der Formulierung des iterativen Algorithmus der Fakultät wird der rekursive Aufruf der Funktion durch eine Schleife (hier bspw. eine for-Schleife) ersetzt:

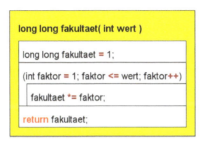

Zusammenfassend lässt sich feststellen, dass jeder rekursive Aufruf von einer Bedingung abhängen muss, die irgendwann einmal nicht mehr erfüllt ist, da ansonsten eine Endlos-Rekursion (ähnlich einer Endlosschleife in iterativen Implementierungen) die Folge ist.

Rekursive Algorithmen sind vom Implementierungsaufwand oft kürzer und konzeptionell einfacher als entsprechende iterative Lösungen.

In Bezug auf Laufzeit und Speicherverbrauch muss der Overhead berücksichtigt werden, der durch jeden Unterprogrammaufruf bei der Rekursion verursacht wird. Die Zwischenergebnisse rekursiver Aufrufe werden auf dem Stack abgelegt. Dieser wächst in Richtung des Heap-Speichers. In diesem Sinne muss der Speicherverbrauch, der der maximalen Rekursionstiefe entspricht, abgeschätzt werden. Unter Umständen könnte es sonst zu Programmabstürzen kommen.

Meist lassen sich rekursive Programme in eine iterative Form bringen.

In den vielen Beispielen reichen einzelne zusätzliche Variablen und Schleifenkonstrukte aus, um die iterative Form zu implementieren.

7.2.2. Vertauschen

Eine Funktion, die im Zusammenhang mit Algorithmen häufig zum Einsatz kommt, ist das Vertauschen der Werte zweier Variablen. Beide Variablen und eine zusätzliche Hilfsvariable sollten vom selben Datentyp sein. Der allgemeine Ablauf wird im folgenden, einfachen Struktogramm und der grafischen Abbildung dargestellt.

```
/*

        @Param var1, var2: Referenzparameter, da für
        das Vertauschen mit den Originalwerten im
        Speicher gearbeitet werden muss.

*/

void vertausche( int &var1, int &var2);
```

int temp;
temp = var1;
var1 = var2;
var2 = temp;

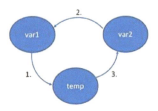

Im dargestellten Beispiel sind `var1`, `var2` und `temp` vom Datentyp Integer. Will man Gleitpunkt-oder Zeichenkettendaten vertauschen, wählt man für die Implementierung den entsprechenden Datentyp.

Die Parameter der Funktion müssen Referenz-Parameter sein, da der Entwickler, der die Funktion in einem Programm aufruft, davon ausgeht, dass die Änderung auch wirklich vollzogen wird. Lokale Variable wären ja beim Verlassen der Funktion nicht mehr gültig.

7.2.3. Erzeugen von Zufallswerten

Häufig benötigt man eine Menge zufälliger Zahlen, um bestimmte Algorithmen einfach zu testen. Beispielsweise wäre es viel zu mühsam, ein großes Array über die Konsole mit Eingabewerten zu füllen, nur um die Performanz eines Sortieralgorithmus zu testen.

Die Funktion **rand()** aus der Bibliothek `<math.h>` bzw. `<cmath>` erzeugt genau eine Zufallszahl.

Vor der Verwendung der Funktion `rand()` sollte der Zufallszahlengenerator initialisiert werden. Dafür kann die Funktion `srand()` aus der `<stdlib.h>`-Bibliothek verwendet werden.

Syntax: **void srand(unsigned** seed);

Ein Aufruf von `srand()` mit dem Argumentwert 1 initialisiert den Zufallszahlengenerator neu. Er kann auf eine neue Startposition gesetzt werden, indem `srand()` mit einem neuen Basiswert aufgerufen wird. Zur Initialisierung des Startwertes wird auf die aktuelle Systemzeit zurückgegriffen. So kann gesichert werden, bei jedem Aufruf Zufallswerte einer neuen Basis zu erzeugen.

Die Systemzeit wird über die Funktion **time()** der Bibliothek `<time.h>` ermittelt.

Da wir diese Zeit nur zum Initialisieren des Zufallszahlengenerators benötigen, ist in diesem Fall eine Speicherung nicht notwendig. Wir übergeben an `time()` den NULL-Zeiger.

```
srand(time(NULL));
```

Eine Alternative zu dieser Initialisierung des Zufallszahlengenerators ist die Verwendung der Funktion `randomize()` der Bibliothek `<time.h>`. Auch diese Funktion muss im Programm nur einmal aufgerufen werden.

Der Quellcode für einer Funktion die Zufallszahlen erzeugt, könnte folgendermaßen implementiert werden:

```
#include <stdlib.h>
#include <time.h>
/*
   Erzeugen von Pseudo-Zufallswerten im Bereich 1...1000
   @Param feld: Zu initialisierendes Feld (C-Arrays sind
                automatisch immer Referenzparameter)
   @Param count: Anzahl der zu initialisierenden
                 Feldelemente
*/
void zufallsWerteErzeugen(int feld[], int count)
{
      srand(time(NULL));

      for(int i = 0; i < count; i++)
      {
            feld[i] = (rand() % 1000) + 1;
      }
}
```

Diese Funktion erzeugt `count` Zufallswerte vom Typ Integer im Bereich von 1 ... 1000.

Ohne die Addition der 1 würden Zahlen im Bereich 0 ... 999 erzeugt werden. Eine pseudozufällige Gleitpunktzahl lässt sich erzeugen, indem man den von `rand()` zurückgelieferten Wert durch eine Zehnerpotenz dividiert. Dabei ist zu beachten, dass auch tatsächlich eine Gleitpunktdivision ausgeführt wird.

7.2.4. Größter gemeinsamer Teiler

Der größte gemeinsame Teiler (ggT) zweier Zahlen ist die größte Zahl, durch die beide Zahlen teilbar sind. So ist z.B. der ggT der beiden Zahlen 15 und 10 die Zahl 5.

Das einfachste Verfahren den ggT zu ermitteln, besteht darin, die Teilermengen der beiden Zahlen zu vergleichen und die größte Zahl herauszusuchen, durch die beide Zahlen teilbar sind.

Beispiel:

ggT von 10 und 15

- 10 hat die Teilermenge {1, 2, 5}
- 15 hat die Teilermenge {1, 3, 5}
- Die größte Zahl, die in beiden Teilermengen enthalten ist, ist die 5; also ist 5 der ggT von 10 und 15.

Ein einfaches numerisches Verfahren wird im folgenden Struktogramm dargestellt:

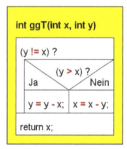

Testen Sie das Verfahren selbständig, indem Sie zwei Zahlen x und y wählen!

Eine **Variante** des Algorithmus, die auf dem gleichen Sachverhalt basiert, wird im folgenden Quelltext wiedergegeben. Die beiden Parameterwerte müssen sich ohne Rest durch denselben Wert teilen lassen:

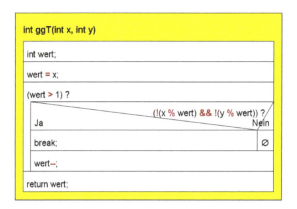

```
/*
   Berechnung des größten gemeinsamen Teilers (ggT) zweier
   ganzzahliger Werte (Iterativer Ansatz)
   @Param x,y: Zwei Zahlen, von denen der ggT bestimmt
              werden soll.
   @Rückgabe: Wert des größten gemeinsamen Teilers
*/

int ggT(int x, int y)
{
   bool res1, res2;
   int wert;
   wert = x;
   while (wert>1)
   {
      res1 = !(x % wert);
      res2 = !(y % wert);
      if (res1 && res2)
      {
         //Teilung von wert1 und wert2 ohne Rest durch wert
         break;
```

```
    }
    wert--;
  } //End WHILE
  return wert;
} //ggT
```

Der Algorithmus kann in einer weiteren Variante auch als **rekursive Funktion** implementiert werden. Die Schleife wird hier durch den rekursiven Aufruf der Funktion ersetzt. Bei rekursiven Implementierungen ist es wichtig, eine Abbruchbedingung der Rekursion zu definieren (hier: $x==y$):

```
/*
   Berechnung des größten gemeinsamen Teilers (ggT) zweier
   ganzzahliger Werte (Rekursiver Ansatz)
   @Param x,y: Zwei Zahlen, von denen der ggT bestimmt
               werden soll.
   @Rückgabe: Wert des größten gemeinsamen Teilers
*/
int ggTR(int x, int y)
{
    int result;
    if ( x==y ) result = x;
    else
    {     //rekursiver Aufruf der Funktion
        if ( x>y ) result = ggTR( x-y, y );
        else result = ggTR( x, y-x );
    }
    return result;
}
```

Die Funktion Größter Gemeinsame Teiler kann zum Beispiel beim numerischen Kürzen von Brüchen eingesetzt werden. Eine viel bekanntere Verwendung ist aber der Einsatz beim asymmetrischen Verschlüsselungsverfahren RSA.

7.2.5. Kleinstes gemeinsames Vielfaches

Das kleinste gemeinsame Vielfache von zwei Zahlen ist die kleinste Zahl, die sich durch die beiden Zahlen ohne Rest teilen lässt.

Beispiel:

kgV von 4 und 6

- 4 hat die Menge der Vielfachen {4, 8, 12, 16, 20, 24, 28, ...}
- 6 hat die Menge der Vielfachen {6, 12, 18, 24, 30, 36, ...}
- Die kleinste Zahl, die in beiden Teilermengen enthalten ist, ist die 24; also ist 24 das kgV von 4 und 6.

Die Darstellung des Algorithmus erfolgt hier wiederum als Quellcode-nahes Struktogramm:

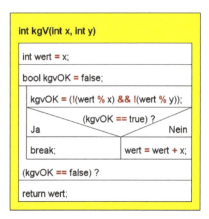

Im Algorithmus „Kleinstes gemeinsames Vielfaches" (kgV) wird
überprüft, ob sich der Inhalt der Variablen `wert` ohne Rest durch den
Inhalt von `x` und `y` teilen lässt. Ist das nicht der Fall wird der Inhalt von
`wert` um `x` erhöht, da das kgV auf jeden Fall ein Vielfaches beider
Parameterwerte sein muss.

Wurde das kgV ermittelt, wird es an das aufrufende Programm
übergeben.

Der Algorithmus terminiert schneller, wenn der Variablen `wert` der
größere beider Parameterwerte übergeben wird.

Das kleinste gemeinsame Vielfache kann bspw. zum „Gleichnamig-
Machen" von Brüchen eingesetzt werden.

7.3. Suchverfahren für Arrays

Suchverfahren werden in diesem Abschnitt im Zusammenhang mit Array-Variablen besprochen.

Welcher der beiden, in den nachfolgenden Abschnitten beschriebenen Algorithmen Anwendung findet, wird durch die Anordnung der Feldwerte in der Array-Variablen entschieden.

Die Schlüsselwerte der einzelnen Datensätze im Array müssen eindeutig sein. Nehmen wir bspw. Datensätze von Studierenden. In diesen Datensätzen (Strukturdatentyp) gibt es zahlreiche Datenelemente unterschiedlicher Datentypen (Name, Vorname, Adresse etc.). Es wird in diesem Kapitel davon ausgegangen, dass in der Datenmenge nach einem ganz bestimmten Datensatz gesucht wird. Das bedeutet, man möchte i.d.R. genau einen Datensatz finden. Ein eindeutiger Schlüssel für Studierendendatensätze wäre bspw. die Matrikelnummer, für Girokonten die Kontonummer etc.

Um beim Beispiel der Studierenden zu bleiben, könnte die Suchanfrage natürlich auch lauten, alle Studierendendatensätze für einen bestimmten Immatrikulationszeitraum zu finden. Die Algorithmen wären dann so zu modifizieren, dass die Schlüsselwerte der gefundenen Datensätzen in einer weiteren Variablen (z.B. ein zusätzliches Array) gespeichert werden.

7.3.1. Sequentielle Suche

Die sequentielle Suche, auch lineares Suchverfahren genannt, stellt keine Bedingungen an die Anordnung der Feldelemente im Array.

Beginnend mit dem ersten Feldelement werden alle Feldelementschlüsselwerte mit einem Suchschlüssel verglichen.

Wird eine Übereinstimmung gefunden, wird der Index des Feldelementes an das aufrufende Programm zurückgeliefert. Gibt es keine Schlüsselwertübereistimmung wird ein Wert zurückgeliefert, der niemals als Index auftreten kann (z.B. -1).

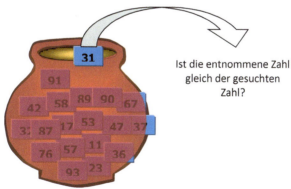

Ist die entnommene Zahl gleich der gesuchten Zahl?

Beispielhaft können wir uns vorstellen, aus einem Behälter der Reihe nach Elemente zu entfernen, bis dieser leer ist oder ein Element mit dem gesuchten Schlüssel gefunden wurde. In der folgenden Beispielfunktion wird eine Array-Variable vom Typ Integer nach einem Wert durchsucht:

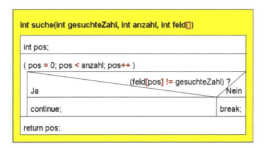

Der zurückgelieferte ganzzahlige Index (pos) wird im aufrufenden Programm auf Gültigkeit überprüft. Handelt es sich um einen gültigen Feldindex (in diesem Fall im Intervall von 0 … anzahl-1) wird er auf das Feld angewendet und die Informationen des Datensatzes ausgelesen. Andernfalls wird eine Fehlermeldung ausgegeben.

Zur Komplexität des Algorithmus ist zu sagen, dass im günstigsten Fall das Element beim ersten Vergleich gefunden wird. Im schlechtesten Fall müssen alle Feldelemente durchlaufen werden. Im Mittel wird bei einem Feld mit N initialisierten Elementen ein Schlüsselwert nach N/2 Vergleichen gefunden. Man sagt, dass dieser Algorithmus ein Element „in linearer Zeit" findet.

7.3.2. Binäre Suche

Der Algorithmus der Binären Suche funktioniert nur, wenn die Schlüsselwerte der Feldelemente in sortierter Reihenfolge vorliegen. Für ein Feld mit N initialisierten Elementen gilt:

$$\text{für alle } i: 0 <= i < \text{N-1} \ \ \text{gilt} \ \ A[i] <= A[i+1]$$

Der Algorithmus gehört in die Kategorie „Teile und Herrsche" (*divide & conquer*). In jedem Schritt wird die die Menge zu vergleichender Elemente um die Hälfte verkleinert.

Man sucht als erstes das mittlere Element (gelb eingefärbt) mit der einfachen Berechnungsmethode: (minIndex+maxIndex)/2 (Ganzzahldivision!).

Beispiel:

Anzahl der initialisierten Feldelemente: N = 19 (Array-Indizes: 0 … 18)

Index des ersten Vergleichselements: $k = \dfrac{min+ max}{2} = 9$

Gesucht:
x = 32

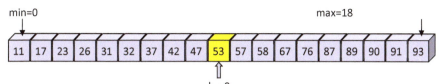

min=0   max=18

k = 9

Da das Vergleichselement mit dem Feldindex 9 (53) größer ist als der Wert des gesuchten Elements x, muss nur noch in der linken Feldhälfte weitergesucht werden. Man erkennt also leicht das Prinzip, dass auch mit jedem weiteren Vergleich immer eine Hälfte der noch verbleibenden Feldelemente von der weiteren Verarbeitung ausgeschlossen werden kann.

Für den zweiten Schritt des Algorithmus wird nur die linke Feldhälfte benötigt. Der neue max-Index der linken Feldhälfte ist 8 (k-1). Das neue mittlere Element berechnet sich in Analogie aus k = (min+max)/2 = 4.

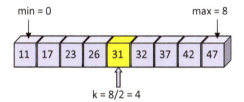

min = 0   max = 8

k = 8/2 = 4

Das Vergleichselement mit dem Feldindex 4 (31) ist kleiner als der Wert des gesuchten Elements. Somit muss nun in der rechten Teilfeldhälfte, also im Index-Bereich 5 ... 8, weitergesucht werden. Für diese Teilfeldhälfte berechnet sich der neue Index min aus dem ‚alten k' + 1. Der Index k des neuen mittleren Elements hat den Wert 6.

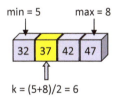

min = 5   max = 8

k = (5+8)/2 = 6

Das Vergleichselement mit dem Feldindex 6 (37) ist größer ist als der Wert des gesuchten Elements x. Es muss also in der neuen linken Teilfeldhälfte weitergesucht werden, die nur noch aus einem Element (32) besteht.

Das aber ist schon der gesuchte Schlüsselwert. Die Suche ist in diesem Fall nach nur vier Schritten beendet.

Dieser Algorithmus findet ein Element „in logarithmischer Zeit". Durch das fortlaufende Halbieren ergibt sich im besten Fall eine Analogie zum Logarithmus Dualis (Binär-Logarithmus).

Das bedeutet z.B., dass bei einer Menge von 1000 Feldelementen nur 10 Vergleiche notwendig sind, um einen Schlüsselwert im Array zu finden.

Die Grundform des Algorithmus geht davon aus, dass die Schlüsselwerte eindeutig sind und somit bei einer Suche genau ein oder kein Datensatz gefunden wird.

Sollten die Schlüssel nicht eindeutig sein, könnten identische Schlüssel von der Position des mit der Binären Suche gefundenen Wertes durch Sondieren nach links und rechts ebenfalls entdeckt werden.

Der Algorithmus kann iterativ oder auch rekursiv implementiert werden.

Variante 1 (iterativ):

```
/*
    Binäre Suche nach einem Feldelment in einem Array
    @Param zahl: Zahl, die im Feld gesucht/gefunden
                 werden soll.
    @Param min, max: Indizes der Feldelemente am Anfang und
                     am Ende des Feldes
    @Param feld: Feld, in dem nach zahl gesucht werden soll
    @Rückgabe: Index von zahl oder -1, wenn zahl nicht
               gefunden wurde.
*/
int sucheBinaer(int zahl, int min, int max, int feld[]);
```

int sucheBinaer(int zahl, int min, int max, int feld[])

int k, index = -1;

k = (min + max)/2; //neuer Vergleichsindex

(zahl <= feld[k]) ? Ja / Nein

max = k - 1; //Weitere Suche links von feld[k] / Ø

(zahl >= feld[k]) ? Ja / Nein

min = k + 1; // Weitere Suche rechts von feld[k] / Ø

(min <= max) //Abbruchkriterium erreicht?

((min - max) > 1) //gefunden? Ja / Nein

index = k; / Ø

return index;

Der Algorithmus ermittelt eine Differenz (min-max) = 2, wenn der Schlüsselwert im Array vorhanden ist und einen Differenzwert von 1, wenn keine Übereinstimmung gefunden wurde.

Variante 2 (iterativ mit String-Vergleich und Datentyp **vector**):

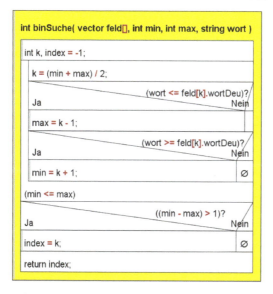

Variante 3 (rekursiv):

Bei der rekursiven Variante des Algorithmus wird die Schleife durch den rekursiven Aufruf der Funktion in sich selbst ersetzt:

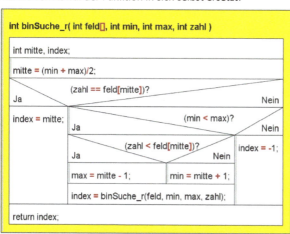

Weitere Varianten des iterativen Algorithmus der Binären Suche sind im Internet oder z.B. in **[WOLF]** zu finden.

In der Standard Template Library (STL) existiert bereits eine Implementierung der Binären Suche, auf die in eigenen Programmen zurückgegriffen werden kann. Eine Besprechung dieser Bibliothek wird zu einem späteren Zeitpunkt durchgeführt.

7.4. Weitere Operationen mit Feldern (Einfügen, Löschen, Sortieren ...)

Feldvariable werden im Arbeitsspeicher des Rechners als Kontinuum gespeichert (s. Abb.). Der Name der Feldvariablen steht für die Anfangsadresse des Feldes im Speicher. In der Abbildung wäre das die Adresse des Speicherfeldes, das die Zahl 2 speichert.

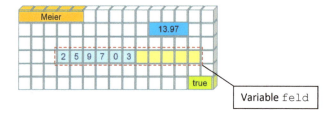

Variable `feld`

Welche Speicheradresse einer Variablen zugewiesen wird, entscheidet das Laufzeitsystem.

Ist die Variable `feld` eine Array-Variable, so gilt:

$$\texttt{feld == \&feld[0]}$$

Der Bezeichner `feld` kann stellvertretend als die Adresse auf das erste Array-Element verwendet werden.

Wie schon erwähnt, ist der erste Index in einem Array der Index Null (0). Hat ein Array `ANZ` Elemente, besitzt das letzte gültige Element den Index `ANZ-1`. Das letzte initialisierte Element hat in den nachfolgenden Darstellungen den Index `aktAnz-1`.

Wir betrachten zunächst automatische Feldvariable. Die Gesamtanzahl der Feldelemente (z.B. `ANZ`) wird vor der Verwendung des Feldes festgelegt und ist, unabhängig von der auszuführenden Operation bei automatischen Feldvariablen, unveränderbar.

7.4.1. Einfügen am Ende

Zuerst soll das Einfügen eines neuen Feldelementes am Ende der initialisierten (!) Feldelemente besprochen werden.

Bevor überhaupt ein neues Feldelement eingefügt werden kann, ist zu kontrollieren, ob es im Feld noch ein nicht initialisiertes (freies) Feldelement gibt. Ist das der Fall, kann an der Position `aktAnz` der Wert für das neue Feldelement gespeichert werden (1.).

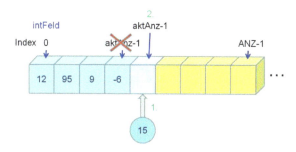

Nachfolgend ist der Wert von `aktAnz` zu inkrementieren, denn die Zahl der initialisierten Feldelemente wurde ja gerade um eins vergrößert (2.).

Eine C++-Quelltext-Variante für das inkrementelle Initialisieren eines Feldes (Einfügen „am Ende" des Feldes) wird im Folgenden vorgestellt. „Am Ende" bedeutet in diesem Zusammhang, das *hinter* den bereits initialisierten Feldelementen eingefügt wird.

```cpp
#include <iostream>
#include <cstdlib>

using namespace std;

int main(void)
{
    const int ANZ = 9;  //Festlegung: Feldgröße (Konstante!)
    int feld[ANZ];       //automatische Feld-Variable
    int aktAnz=0;

    while(true)          //Endlosschleife
    {
        if(aktAnz < ANZ)  //Ist noch ein „Platz" frei?
        {
            cout << "\n Naechster Feldelementwert: ";
            cin >> feld[aktAnz];
            aktAnz++; //Anzahl der Elemente hat sich erhöht.
        }
        else break;      //Endlosschleife verlassen
    }//End while

    for (int i=0; i<ANZ; i++)  //Ausgabe des Feldes
    {
        cout << "\n " << feld[i];
    }
    cout << endl << endl << " ";
    system("Pause");
    return 0;
}
```

Auf eine Fehlerbehandlung bei der Eingabe der Werte für die Feldelemente wurde der Einfachheit halber vorerst verzichtet.

Das Einfügen und die Ausgabe der Werte sollte im Interesse einer guten Strukturierung in kleine Funktionen ausgelagert werden. Die Prototypen dieser Funktionen werden im Folgenden angegeben:

[113]

```
/*
   Konsolenausgabe eines Feldes
   @Param ANZ: Anzahl der auszugebenden Feldelemente
   @Param feld: Feld mit ganzzahligen Feldelementen
*/
void ausgabe(const int ANZ, const int feld[]);

/*
   Einfügen eines Feldelements (Ganzzahl) in ein Feld
   @Param wert: Einzufügende Zahl
   @Param ANZ: Gesamtzahl möglicher Feldelemente im Feld
   @Param aktAnz: Aktuelle Anzahl an Feldelementen
                  (Referenzparameter)
   @Param feld: Feld mit ganzzahligen Feldelementen
   @Rückgabe: true (Einfügen erfolgreich), false (Einfügen
              nicht möglich).
*/
bool einfuegenAmAnfang( int wert, const int ANZ,
                        int &aktAnz, int feld[] );
```

Die Variable feld wird in der Funktion ausgabe() nicht verändert und sollte somit als const-Parameter definiert werden. Array werden bei C/C++ immer als Call-by-Reference-Parameter übergeben. Erinnern Sie sich an das oben Gesagte, dass der Name eines Feldes identisch mit der Speicheradresse des ersten Feldelementes ist.

Der Parameter aktAnz der Funktion einfuegenAmAnfang() ist ein Call-by-Reference-Parameter, da der Wert von aktAnz i.d.R. in der Funktion inkrementiert wird. Diese Änderung muss im Speicher auf dem Originalwert ausgeführt werden (s. Gültigkeit lokaler Variablen).

In der Main-Funktion ergeben sich unter Verwendung der beiden Funktionen dann folgende Änderungen:

```
//…
while(true)
{
     cout << "\n Naechster Feldelementwert: ";
     cin >> zahl; //TODO: Eingabeüberprüfung mit atoi()

     if(einfuegenAmAnfang(zahl, ANZ, aktAnz, feld))
         continue;
     else  break;
}//End while
ausgabe(ANZ, feld);       //Ausgabe des Feldes
//…
```

Aufgaben:

* Implementieren Sie die Funktion ausgabe() entsprechend des angegebenen Prototypen selbständig!

7.4.2. Einfügen am Anfang

Auch beim Einfügen neuer Werte an der Index-Position 0 der
Feldvariablen ist zunächst zu überprüfen, ob mindestens noch ein
Feldelement am Ende nicht initialisiert wurde.

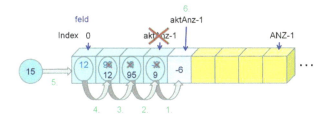

Ist das der Fall muss an der Index-Position 0 (Null) ein freier Platz
geschaffen werden. Das erreicht man, indem man von „hinten"
beginnend die Feldelementwerte um eine Position nach „rechts"
verschiebt (1. ... 4.). Ist die erste Position „frei geräumt", kann der neue
Elementwert dort eingespeichert (zugewiesen) werden (5.).
Nachfolgend ist der Wert von aktAnz wiederum zu inkrementieren,
denn die Zahl der initialisierten Feldelemente wurde um eins
vergrößert (6.).

C++-Quelltext der Funktion für das Initialisieren des ersten
Feldelements (Einfügen am Anfang):

```
bool einfuegenAmAnfang(int wert, const int ANZ, int
&aktAnz, int feld[])
{
    bool ok = true;
    if(aktAnz < ANZ)
    {
        //Freies Feldelement an der Position 0 schaffen
        for (int i=aktAnz; i>0; i--)
        {
            //"Verschieben" um eine Position nach "rechts"
            feld[i] = feld[i-1];
        }
        feld[0] = wert;      //Einfügen am Feldanfang
        aktAnz++;
    }
    else ok = false;
    return ok;
}
```

7.4.3. Sortiertes Einfügen

Ein Einfügen neuer Werte an der richtigen Position im Feld macht
natürlich nur Sinn, wenn die vorher eingefügten Werte ebenfalls in
sortierter Reihenfolge vorliegen.

Nun muss für den neu einzufügenden Wert zuerst die korrekte Position
gefunden werden. Es wird bei dem folgenden Algorithmus davon

ausgegangen, dass die Werte der Feldelemente im Array in aufsteigender Folge sortiert vorliegen. Bei absteigend sortierten Werten muss der Algorithmus entsprechend angepasst werden.

Startpunkt ist das erste Feldelement. Beim schrittweisen Durchlaufen der Feldelemente wird der aktuelle Feldelementwert mit dem einzufügenden Wert verglichen. Ist an einer Position der Wert des aktuellen Feldelements größer als der einzufügende Wert, ist die Einfüge-Position gefunden.

```
/*
    Einfügen eines Feldelements (Ganzzahl) in ein Feld
    @Param wert: Zu suchendes Feldelement
    @Param aktAnz: Aktuelle Anzahl an Feldelementen
    @Param feld: Feld mit ganzzahligen Feldelementen
    @Rückgabe: Position des gesuchten Feldelements.
*/
int suchePosition(int wert, const int aktAnz,
                  const int feld[]);
```

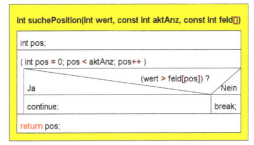

„Durchlaufe" das Feld Element für Element bis das aktuelle Feldelement einen größeren Wert hat als der einzufügende Wert.

Wurde die Einfüge-Position gefunden, müssen die Feldelementwerte beginnend vom Index `aktAnz` bis zur Einfüge-Position um jeweils eine Feldposition nach "rechts" verschoben werden (1. ... 3.). Nun ist die Lücke geschaffen, um den neuen Wert im Feld an der korrekten Position zu speichern (4.).

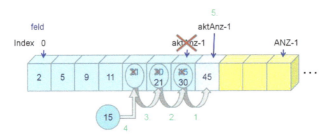

Schließlich muss der Zuwachs an Feldelementen in der Variablen `aktAnz` nachvollzogen werden. Der C++-Quelltext der Funktion für das sortierte Einfügen eines Feldelements lautet wie folgt:

[116]

```cpp
bool einfuegenSortiert(int wert, const int ANZ, int
&aktAnz, int feld[])
{
    bool ok = true;
    int pos;
    if(aktAnz < ANZ)
    {
        //Suche die korrekte Einfügeposition
        pos = suchePosition(wert, aktAnz, feld);
        /* Verschiebe Werte von "hinten" bis zur Einfüge-
           position um eine Position nach "rechts"
           ("Lücke" schaffen) */
        for (int i=aktAnz; i>pos; i--)
        {
            feld[i] = feld[i-1];
        }
        feld[pos] = wert;
        aktAnz++;
    }
    else ok = false;
    return ok;
}
```

7.4.4. Löschen eines Datensatzes in einem Array

Beim Löschen eines Datensatzes aus einem Feld geht es einfach darum, die nachfolgenden Datensätze um eine Position nach „links" zu verschieben. Damit wird der zu löschende Datensatz vom Wert des nachfolgenden Feldelements überschrieben.

Zunächst ist aber zu kontrollieren, ob der Datensatz, den man zu löschen beabsichtigt, überhaupt im Feld vorhanden ist. Dazu können wir in einem ersten Schritt unsere oben definierte Suchfunktion verwenden. Die FOR-Schleife der Suchfunktion wird beendet, wenn der Wert des aktuellen Feldelements größer als oder gleich `wert` ist. Der von `suchePosition()` zurückgegebene Wert ist auf Gleichheit mit dem Wert des zu löschenden Elements zu prüfen.

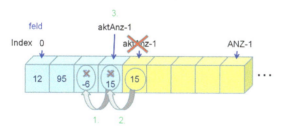

Ist das Element im Feld vorhanden, kann man nun in einer Schleife die Werte der nachfolgenden Feldelemente um eine Position nach „links" verschieben (1. ... 2.). Abschließend muss der Wert von `aktAnz` dekrementiert werden (3.).

[117]

```
bool loescheElement(int wert, int &aktAnz, int feld[])

    bool ok;

    int pos = suchePosition(wert, aktAnz, feld);

                              (feld[pos] == wert) ?
    Ja                                              Nein

    (int i = pos; i < aktAnz; i++)        ok = false;

        feld[i] = feld[i+1];

    aktAnz--;

    ok = true;

    return ok;
```

Die benötigten Parameter der Funktion `loescheElement()` entsprechen denen, die die Funktion `suchePosition()` erfordert. Ein Unterschied besteht darin, dass die Variablen `aktAnz` und `feld` in der Funktion geändert werden und somit als Referenz-Parameter übergeben werden müssen.

Hinweis: C-Array's werden (im Gegensatz zu Array's des Datentyps `vector`*) immer automatisch als call-by-reference-parameter an Funktionen als Parameter übergeben!*

Natürlich könnte man eine an das Löschen angepasste Suchfunktion implementieren. Diesen einfachen Schritt können Sie gern als kleine Übung selbst gehen.

Eine Variante des Löschens ist das Löschen der Elemente ohne Beachtung des Inhalts fortlaufend vom Anfang des Feldes. Diese Variante kommt bei der Datenstruktur „Kellerspeicher" (engl. stack) bei der Operation ‚pop' zum Einsatz; das Einfügen am Anfang des Feldes hingegen entspricht der Operation ‚push'. Der Kellerspeicher wird im Zusammenhang mit der dynamischen Datenstruktur „Liste" näher behandelt.

7.4.5. Sortierverfahren

Ein Sortierverfahren benötigt man beispielsweise, wenn der schnelle Algorithmus der Binären Suche verwendet werden soll, die Schlüsselwerte eines Arrays aber nicht sortiert vorliegen.

Die hier beschriebenen Sortierverfahren beziehen sich ebenfalls auf Variable des Datentyps Array.

Es gibt verschiedene Möglichkeiten Sortierverfahren zu unterscheiden. Die Unterscheidungen haben damit zu tun, wie die einzelnen Algorithmen arbeiten. Beispielsweise unterscheidet man zwischen stabilen und instabilen Sortierverfahren. Stabile Sortierverfahren sind solche, die die relative Reihenfolge von Schlüsselwerten, die bezüglich der Ordnung äquivalent sind, nicht verändern.

Zudem unterscheidet man zwischen Sortierverfahren, die ‚in-place‘ arbeiten, d. h. die kein zusätzliches Array für die Sortierung benötigen, und solchen, die zusätzlichen Speicherplatz benötigen ‚*out-of-place*‘.

Manche Sortierverfahren arbeiten bei vorsortierten Daten schneller als bei unsortierten Daten.

In diesem Abschnitt wird eine Unterscheidung zwischen den einfachen und den schnellen Sortierverfahren vorgenommen. Es werden nur wenige Sortierverfahren kurz vorgestellt. Die Beispiele dienen wiederum der Anwendung des bisher Gelernten.

Ein Überblick über andere Verfahren kann in **[Wikipedia]** nachgeschlagen werden.

Als einfache und langsamere Verfahren sollen hier kurz die iterativen Algorithmen des Bubble-Sort-, des Selection-Sort- und des Insertion-Sort-Algorithmus besprochen werden. Von den schnellen Sortierverfahren wird der rekursive Quick-Sort-Algorithmus diskutiert.

7.4.5.1.   Bubble-Sort-Algorithmus

Das Bubble-Sort-Verfahren basiert auf dem Vergleich der Schlüsselwerte benachbarter Feldelemente. Geht man davon aus, das aufsteigend sortiert werden soll, vom kleinsten zum größten Schlüsselwert, werden zwei Datensätze benachbarter Feldelemente vertauscht, wenn der Schlüsselwert des ‚linken‘ Feldelements (kleinerer Indexwert) größer ist, als der Schlüsselwerte des ‚rechten‘ Feldelements (größerer Indexwert).

Als Beispiel soll die Zeichenkette „Informatik" dienten. Die Anzahl **N** der Feldelemente ist in diesem Beispiel 10.

Nach dem ersten Durchlauf ist zu beobachten, dass der größte Schlüsselwert (hier das ‚T‘) seine endgültige Position am Ende des Feldes eingenommen hat.

Andere Schlüsselwerte haben ihre Position hinsichtlich der zu erzielenden Ordnung verbessert oder haben sich gar nicht bewegt.

Im zweiten Durchlauf wird der Schlüssel ‚R‘ als zweitgrößter Buchstabe seine endgültige Position vor dem ‚T‘ einnehmen.

Da der kleinste Schlüsselwert beim letzten Vergleich mit dem zweitkleinsten sortiert wird, sind insgesamt $N-1$ Durchläufe erforderlich. Buchstabe seine endgültige Position vor dem ‚T‘ einnehmen.

Da der kleinste Schlüsselwert beim letzten Vergleich mit dem zweitkleinsten sortiert wird, sind insgesamt $N-1$ Durchläufe erforderlich.

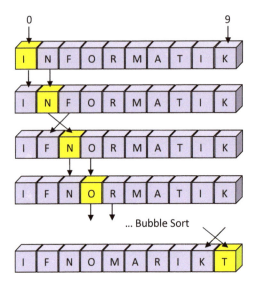

Der Algorithmus wird mit zwei ineinander verschachtelten Schleifen aufgebaut. Die obere Grenze der inneren Schleife wird bei jedem Durchlauf dekrementiert, da die Elemente der Schlüsselwerte, die bereits ihre endgültige Position eingenommen haben, nicht noch einmal bearbeitet werden müssen.

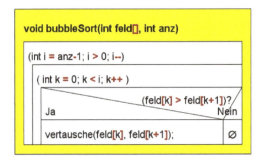

Zum Vertauschen der Schlüsselwerte von zwei Feldelementen wird die oben eingeführte Funktion `vertausche()` eingesetzt.

Die Laufzeit von Bubble-Sort nimmt ungefähr quadratisch mit der Anzahl der zu sortierenden Elemente zu. Dabei wird bei der Bestimmung der Komplexität von Sortier-Algorithmen die Anzahl notwendiger Vergleiche und Vertauschungen von Elementen geschätzt.

Der Algorithmus kann möglicherweise noch etwas optimiert werden, wenn man die Schleifenbearbeitung für den Fall abbricht, wenn in einem Durchlauf keine Vertauschungen mehr vorgenommen wurden. Dann sind bereits alle Schlüsselwerte in der korrekten Reihenfolge.

7.4.5.2. Selection-Sort-Algorithmus

Geht man wiederum davon aus, dass die Schlüsselwerte im Feld aufsteigend sortiert werden sollen, wird beim Auswahl-Sortieralgorithmus der jeweils kleinste Schlüsselwert der verbleibenden Elemente der ‚rechten‘ Feldhälfte gesucht (A[i]).

Dieser Datensatz wird nachfolgend mit dem ersten Datensatz der ‚rechten‘ unsortierten Feldhälfte vertauscht.

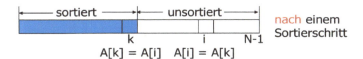

Die ‚linke‘ sortierte Feldhälfte wird damit um ein sortiertes Element größer.

Für die Vertauschungsoperation ist ein Speicherplatz vom selben Datentyp wie die Feldelemente bzw. die Feldvariable erforderlich.

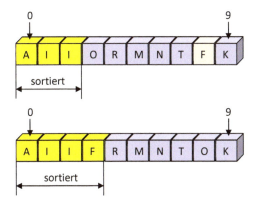

Das folgende Struktogramm wurde der Übersicht wegen mit einem Array vom Typ Integer aufgebaut:

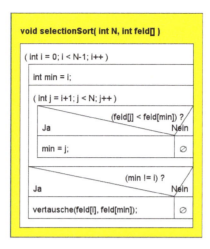

In der zweiten Alternativanweisung wird noch einmal überprüft, ob der aktuelle Schlüsselwert nicht auch bereits der kleinste Schlüsselwert in der unsortierten Array-Hälfte ist. Dann wäre das Element schon an seinem korrekten Platz und müsste nicht unnötigerweise mit sich selbst vertauscht werden.

Die Laufzeit von Selection-Sort nimmt ebenfalls ungefähr quadratisch mit der Anzahl der zu sortierenden Elemente zu.

7.4.5.3. Insertion-Sort-Algorithmus

Beim Sortieren durch Einsetzen muss der Datensatz des aktuellen Schlüsselwerts in einer Variablen desselben Typs zwischengespeichert werden. Man spricht davon, damit eine „Lücke" zu schaffen. Nachfolgend wird der aktuelle Schlüsselwert von ‚rechts' beginnend nacheinander mit den Schlüsselwerten der bereits sortierten Datensätze verglichen. Ist der Schlüsselwert des aktuellen Datensatzes in der sortierten Feldhälfte größer als der Schlüsselwert des einzufügenden Datensatzes, wird er in das jeweils rechts benachbarte Feldelement kopiert. Bildlich gesprochen, könnte man auch sagen, dass er nach rechts verschoben wird.

Häufig wird hier das Einsortieren einer Skat- oder Rommé-Karte einer bestimmten Farbe als Analogie bemüht. Der Spieler sortiert beim Aufnehmen einer neuen Karte des unsortierten Kartenstapels z.B. die Herz-Neun vor die Herz-Zehn ein. Herz-Bube, -Dame etc. ‚rutschen' damit etwas nach rechts.

Der Datensatz A[k] wird in einer Variable x desselben Datentyps zwischengespeichert.

Schaffen
einer Lücke

Nun wird der Schlüsselwert des Datensatzes in der Variablen x von rechts beginnend mit den Schlüsselwerten der Datensätze in der sortierten Feldhälfte verglichen. Ist der Schlüsselwert des aktuellen Datensatzes in der sortierten Hälfte größer, wird er in das rechte benachbarte Feld kopiert („verschoben").

Lücke wird
gefüllt

Im Beispielfall mussten die Datensätze mit den vier größten Schlüsselwerten in der sortierten Feldhälfte um eine Position nach „rechts verschoben" werden, um den Datensatz in x an der korrekten Stelle einzusortieren.

Anschaulich wird das Procedere noch einmal, wenn wir wiederum die Buchstaben unserer Zeichenkette „Informatik" mit dem Insertion-Sortierverfahren sortieren.

Die gelb eingefärbten Datensätze wurden bereits sortiert, haben aber möglicherweise noch nicht ihre endgültige Position in der finalen Sortierreihenfolge.

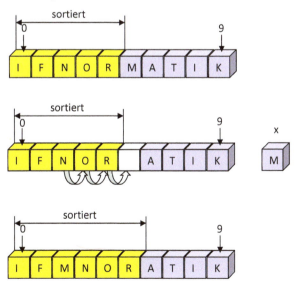

Der Datensatz des aktuellen Feldelements wird zwischengespeichert, um die notwendige Lücke zu schaffen. Der Schlüsselwert (‚M') wird mit den Schlüsselwerten in der sortierten Feldhälfte verglichen.

Die Datensätze mit den Schlüsselwerten ‚R', ‚O' und ‚N' werden jeweils in die „gleitende Lücke" kopiert.

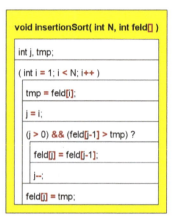

Das obige Struktogramm wurde der Übersicht wegen mit einem Array vom Typ Integer aufgebaut. Die For-Schleife startet mit dem Index 1, um im ersten Schritt den Schlüsselwerte des zweiten Elementes (Index 1) mit dem des ersten Elementes (Index 0) zu vergleichen und möglicherweise auszutauschen.

In der While-Schleife wird der Schlüsselwert des Datensatzes in `temp` mit den Schlüsselwerten der bereits sortierten Datensätze verglichen. Sind die Schlüsselwerte der sortierten Datensätze größer als der in `temp`, werden sie nach rechts verschoben (`feld[j] = feld[j-1]`).

Zusätzlich muss im Kopf der While-Schleife geprüft werden, ob man mit dem Sondieren nicht schon am Array-Anfang angekommen ist. Ansonsten würde man in der zweiten Bedingung mit einem negativen Index Feldgrenze sprengen.

Auch der Einfüge-Sortieralgorithmus hat eine Laufzeit, die ungefähr quadratisch mit der Anzahl der zu sortierenden Elemente ist.

Weitere einfache Sortierverfahren sind bspw. der Shakersort und der Combsort. An dieser Stelle sei auf die weiterführende Literatur verwiesen. **[Saa2010]**

7.4.5.4.   Quick-Sort-Algorithmus

Der Quicksort-Algorithmus gehört, wie der Mergesort oder der Heapsort, zu den schnellen Verfahren der Kategorie „Teile und Herrsche" (*divide and conquer*).

Der Quicksort ist ein effizienter **rekursiver** Algorithmus. Die Grundidee besteht darin, das vorgegebene Problem (z.B. Array) in einfachere Teilaufgaben (Teil-Arrays) zu zerlegen. Dazu wird das zu sortierende Feld A in zwei Teilfelder A1 und A2 zerlegt (partitioniert) die die folgenden Eigenschaften aufweisen:

− alle Elemente von A1 sind ≤ P (noch unsortiert) und

− alle Elemente von A2 sind ≥ P (noch unsortiert),

wobei P das sogenannte Pivot-Element (Vergleichselement) darstellt.

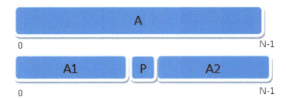

Wurde das Element P (Pivot) im Array berechnet, müssen alle Datensätze aus A1, deren Schlüssel größer oder gleich als der Schlüsselwert von P sind nach A2 kopiert werden. Dazu sind Tauschkandidaten in A2 zu finden, deren Schlüsselwert kleiner oder gleich als P sind. Der Algorithmus geht folgendermaßen vor:

• Suche einen Schlüsselwert i von links, für den gilt: A[i] ≥ P
• Suche einen Schlüsselwert j von rechts, für den gilt: A[j] ≤ P
• Vertausche A[i] aus A1... mit A[j] aus A2...
• Inkrementiere i , dekrementiere j

Diese Schritte werden dann wiederholt bis der Index i größer oder gleich dem Index j wird.

Optimal läuft der Algorithmus, wenn es gelingt, stets ein Element P zu finden, dass A in zwei annähernd gleich große Teile aufteilt. Das gelingt mit dem folgenden Algorithmus noch nicht immer.

Der Index des Pivot-Elements p kann als mittlerer Index, wie schon bei der Binären Suche berechnet werden:

$$p = \frac{\min + \max}{2}$$

Struktogramm des elementaren Quicksort-Algorithmus mit rekursivem Funktionsaufruf für die „linke" und „rechte" Feldhälfte:

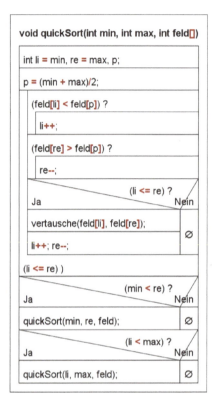

Suche einen Tauschpartner auf der linken Seite und einen auf der rechten Seite vom Vergleichselement

Vertausche nur, wenn der bewegliche Index li kleiner oder gleich dem beweglichen index re ist.

Wiederhole das Ganze

Wurde die Abbruchbedingung erreicht rufe die Funktion für die linke und rechte Feld-„Hälfte" rekursiv auf.

Man kann sich leicht vorstellen, dass der rekursive Aufruf mit den jeweiligen Feldhälften auf jeder Rekursionsstufe irgendwann zu Teilarrays von zwei bzw. drei Feldelementen führt. Das mögliche Vertauschen der Feldelemente resultiert dann unmittelbar in sortierten Datensätzen.

Ähnlich wie beim Algorithmus der Binären Suche kann das Feld hier im optimalen Fall in logarithmischer Zeit sortiert werden.

Je nach Schlüsselwert des Pivot-Elements kann sich die Laufzeit aber auch verschlechtern. Das passiert immer dann, wenn die Aufteilung mittels Pivot-Element dazu führt, dass in den Teilfeldern der jeweiligen Rekursionsstufe regelmäßig sehr unterschiedliche Elementmengen vorkommen. Beachten Sie dazu die folgende Abbildung:

„Worst-Case"- Szenario → In jeder Stufe der Rekursion teilt sich die rechte Feldhälfte in ein Element und den Rest auf.	Günstigster Fall → In jeder Stufe der Rekursion teilen sich die beiden Feldhälften wieder genau hälftig auf.
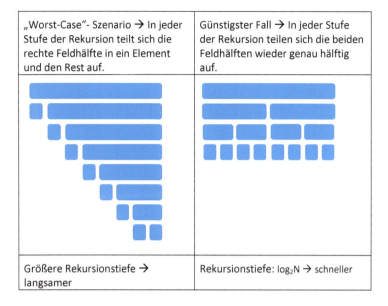	
Größere Rekursionstiefe → langsamer	Rekursionstiefe: $\log_2 N$ → schneller

Man erkennt beim Worst-Case-Szenario, dass das Sortieren hier wieder in linearer Zeit erfolgen wird.

Tatsächlich wird mit dem vorgestellten Algorithmus das Partitionieren auf den unterschiedlichen Rekursionsstufen mal besser und mal schlechter vonstatten gehen. Je schlechter die Partitionierung, desto größer die Rekursionstiefe und desto länger läuft der Algorithmus. Weder der schlechteste, noch der beste Fall sind sehr wahrscheinlich. Schauen wir uns das bei unserem Beispielwort „Informatik" einmal an:

Vor der 1. Partitionierung

Nach der 1. Partitionierung

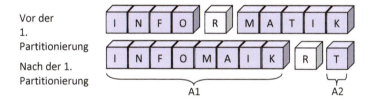

Die Partionierung ist hier bereits im ersten Schritt ungünstig. Die Partitionierung sollte optimiert werden. Eine Lösung besteht darin, die Feldelemente A[min], A[mitte], A[max] vor zu sortieren. Der Index „mitte" wird auf dieselbe Art und Weise ermittelt, wie vorher der Index des Pivot-Elements.

Nach der Vor-
Sortierung,
vor der
Partitionierung

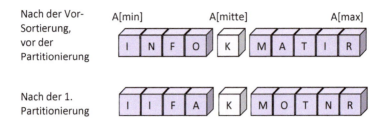

Nach der 1.
Partitionierung

Die Partitionierung mit Vorsortierung liefert augenscheinlich ein besseres Ergebnis. Man entgeht weitestgehend der Möglichkeit einer ungünstigen Verteilung der Daten. Für das Vorsortieren der drei Schlüsselelemente kann man ein beliebiges einfaches Sortierverfahren (z.B. Bubblesort) verwenden. Dieses Verfahren ist als „Clever Quicksort" bekannt.

In den wenigsten Fällen wird man sich jedoch die Mühe machen, eine optimierte QuickSort-Variante selbst zu programmieren, denn der Quicksort-Algorithmus liegt bereits als gut gestestete C-Funktion in der Bibliothek <stdlib.h> vor.

Syntax:

```
/*
      Quick-Sort: Schnelles Sortierverfahren
      @Param base: Array, das sortiert werden soll.
      @Param nelem: Anzahl der Feldelemente
      @Param width: Byte-Anzahl eines Feldelements
      @Param fcmp: Benutzer-definierte Vergleichsfunktion
*/
void qsort( void *base, size_t nelem, size_t width,
       int (_USERENTRY *fcmp)(const void *, const void *) )
```

Der Parameter base zeigt auf das erste Feldelement (Index 0) der zu sortierenden Tabelle. Der Parameter nelem gibt die Anzahl der Elemente in der Tabelle an. Der Parameter width beschreibt die Größe jedes Tabelleneintrags in Bytes an.

Die Vergleichsfunktion fcmp() muss vom Benutzer selbst implementiert werden. Die Schnittstelle der Funktion wird von der Funktion qsort vorgegeben. Hinter dem Parameter fcmp „versteckt" sich ein Funktionszeiger der Form:

```
int (*pFunktion) ( const void *a, const void *b);
```

Beispiel:

Funktionsaufruf mit einem Integer-Array feld:

```
qsort(feld, ANZ, sizeof(feld[0]), vergleiche);
```

mit:

```
int vergleiche( const void *a, const void *b)
{
      return (*(int *)a - *(int *)b );
}
```

Die beiden Zeiger auf **void** müssen in den Zieldatentyp (hier: Zeiger auf **int**) umgewandelt werden. Nun werden sie mit dem Stern-Operator dereferenziert, um die Differenz der Speicherinhalte bilden zu können. Ist die Differenz positiv, ist a größer b. Ist die Differenz negativ ist b größer a. Die Funktion qsort kann damit die entsprechenden ggf. notwendigen Vertauschungen vornehmen.

7.4.5.5. Laufzeitvergleiche

Die folgende Tabelle vermittelt eine Idee des Laufzeitverhaltens der besprochenen einfachen und schnellen Sortierverfahren. Die Laufzeiten sind dabei nicht absolut, sondern nur in der Relation zueinander von Interesse. Die Laufzeiten sind abhängig von der Hardwareplattform auf der die Tests realisiert wurden.

Alle hier besprochenen Algorithmen lassen sich weiter optimieren, um weitere Laufzeitverbesserungen im Bereich bis 20% zu erreichen. Die Performanz des Quicksort-Verfahrens sticht dabei deutlich hervor.

Der Test wurde mit Pseudozufallszahlen der Funktion rand() durchgeführt. Die Laufzeit wird in Sekunden angegeben. Sie wird unter Verwendung der Funktion QueryPerformanceCounter() und QueryPerformanceFrequency() des „Microsoft Platform Software Development Kit" (SDK) berechnet.[5]

Anzahl der Feldelemente	Selection -Sort [s]	Insertion- Sort [s]	Bubble- Sort [s]	Quick- Sort [s]
5000	0.066	0.032	0.127	0.001
10000	0.214	0.126	0.471	0.001
20000	0.806	0.487	1.828	0.003
40000	3.261	1.958	7.302	0.006
80000	12.933	7.868	29.488	0.013
160000	52.437	31.973	117.799	0.026
320000				0.052
1600000				0.273
8000000				1.459

Allgemein lässt sich sagen, dass etwa ab 40.000 Datensätze auf Standard-Hardware ein schnelles Sortierverfahren eingesetzt werden sollte.

In der Praxis wird man in den allermeisten Fällen die qsort()- Funktion der Bibliothek <stdlib.h> verwenden und nicht an eigenen Implementierungen „herumbasteln".

---

[5] Die Zeiten liefern hier nur eine qualitative Aussage hinsichtlich des Vergleichs der Verfahren. Auf Ihrem Rechner mit einem möglicherweise performanteren Prozessor werden sie ggf. schnellere Zeiten erreichen.

7.4.6. Datei-Operationen

Mit Datenströmen (Streams) lassen sich Daten von einer Quelle zu einem Ziel bewegen.

Stream-Objekte (Datenquelldatei/Datenzieldatei) werden dazu mit Zwischenpuffern verbunden. Die Standard-Stream-Objekte (`cin`, `cout`, `cerr`, `clog`) haben wir dabei schon kennengelernt. Dazu hatten wir für diese Ein- und Ausgaben über die Konsole die Bibliothek `<iostream>` der Standard Template Library (STL) kennengelernt.

Für Datei-Operationen in C++ kommen die folgenden Bibliotheken hinzu:

- `<ifstream>` → Bibliothek, um speziell das Einlesen von Text-Dateien zu steuern.
- `<ofstream>` → Bibliothek, um speziell das Auslesen von Text-Dateien zu steuern.
- `<fstream>` → Bibliothek, für das Ein- und Auslesen.

7.4.6.1. Datei-Modi

Damit irgendetwas passiert, muss zuerst eine Datei geöffnet werden. Ein Datenstrom (*stream*) ist i.d.R. entweder vom Datentyp Eingabestrom (*input file stream* → `ifstream`) oder Ausgabestrom (*output file stream* → `ofstream`).

Mit der Elementfunktion open() des Stream-Objekts kann die Verbindung des Dateiobjekts zu einer existierenden oder anzulegenden Datei auf Betriebssystemebene hergestellt werden. Man sagt, die Datei wird »geöffnet«.

<u>Syntax:</u>

```
/*
    Öffnen eines Datei-Stroms (file stream)
    @Param filename: Dateiname der Datei, die geöffnet
                     werden soll.
    @Param mode: Modus des Öffnens (Lesen, Schreiben)
    Rückgabe: Adresse des Datei-Puffers oder NULL
*/
basic_filebuf* open(const char* filename,
                    ios_base::openmode mode);
```

Die folgenden Öffnungsmodi sind u.a. verfügbar:

Modus	Bedeutung
Ohne Modus	default → nur für Textdateien
`ios::nocreate`	Datei existiert, nicht anlegen
`ios::binary`	nur binär lesen/schreiben
`ios::nocreate|ios::binary`	nicht erzeugen und binär behandeln
`ios::in`	öffnet für Eingabe
`ios::out`	öffnet für Ausgabe
`ios::app`	hängt Daten an das Dateiende an

Modi lassen sich mit dem Pipe-Operator (|) miteinander verknüpfen. Die folgende Verknüpfung sorgt bspw. dafür, dass eine Datei zum Lesen und Schreiben geöffnet wird:

```
ios_base::in | ios_base::out
```

Das entspricht der Option: `"r+"`.

Beispiel:

```
ifstream quelle;    /* Einlesen von Daten */
char dateiName[20] = "daten.txt";
//…
quelle.open(dateiName, ios_base::in);
//…
```

7.4.6.2.   Text-Dateien lesen und speichern

Im Falle des Einlesens von Textdateien kann der Modus auch entfallen. Es ist sogar möglich auf den expliziten Aufruf von `open()` zu verzichten, indem man den Dateinamen unmittelbar bei der Deklaration des Stream-Objekts angibt:

```
ifstream quelle ("daten.txt");
```

Am Dateiende wird das Dateiende-Bit (*end-of-file* → EOF) gesetzt und der Zeiger auf das Datenobjekt Datei auf NULL gesetzt. Mit der Funktion `eof()` wird überprüft, ob man das Ende der Datei erreicht hat. Sie liefert **true** zurück, wenn man am Dateiende angekommen ist und ansonsten den booleschen Wert **false**.

Syntax:

```
static int_type eof(); //prüft, ob die aktuelle
//Dateiposition mit dem Dateiende identisch ist.
```

Als Datentyp `int_type` kann beispielsweise der konkrete Datentyp **int** verwedet werden verwendet werden.

Das Öffnen einer nicht vorhandenen Datei kann zum Programm-„Absturz" führen. Es sollte also immer vor dem Lesen aus oder

Schreiben in eine Datei überprüft werden, ob die Operation erfolgreich war. Dazu überprüft man den Rückgabewert von `open()`. Konnte die Datei nicht geöffnet werden, gibt `open()` ein **false** zurück. Übersichtlicher ist es aber, eine der eingebauten Überprüfungsfunktionen zu verwenden:

```
if(!quelle.is_open())
{
    cerr << " Datei konnte nicht gelesen werden!\n";
}
else { /*Lese die Datei aus*/ }
```

Im Normalfall kennt der Benutzer nicht die Anzahl der Datensätze in einer Datei, es sei denn, die Anzahl wurde in der Datei mit abgespeichert.

War das Öffnen der Datei erfolgreich, sollen die Daten vollständig gelesen werden, solange das Dateiende noch nicht erreicht wurde.

```
while(!quelle.eof())
{
    quelle >> text;  //Einlesen aus der Textdatei
    cout << " " << text << endl;
} //end while
quelle.close();
```

Im obigen Fall wird der Inhalt der Datei direkt auf die Konsole ausgegeben. Es wäre aber auch denkbar, die gelesenen Datensätze in einem Array zu speichern.

Um Daten in die Datei zu schreiben, benötigt man eine Datei-Variable von Datentyp `ofstream`:

```
ofstream ziel;
ziel.open(dateiNameZiel, ios::out);

if(!ziel.is_open()) /* muss vorhanden und
                       beschreibbar sein */
{
    cerr << dateiNameZiel
        << " kann nicht geoeffnet werden!\n";
}
else
{
    char ch;
    while(quelle.get(ch)) ziel.put(ch); // Kopiere!
}
//…
```

Die Funktion `get()` liest ein Zeichen aus der Datei, die mit der Stream-Variablen `quelle` verbunden ist und `put()` schreibt ein Zeichen in die Datei, die mit der Stream-Variablen `ziel` verbunden ist (Kopiervorgang Zeichen für Zeichen).

Syntax:
```
//Liefert ein Zeichen oder EOF
basic_istream& get(char_type& ch);
```

```
//Schreibt ein Zeichen in die Datei
basic_ostream& put(char_type ch);
```

Als Datentyp `char_type` kann beispielsweise der konkrete Datentyp **char** verwendet werden.

Arbeit man mit einem Array von Strukturdatensätzen `tab`, die in einer Datei gespeichert werden sollen, könnte man das folgende Codefragment an die eigenen Bedürfnisse anpassen:

```
//---Ausgabe eines Struktur-Array in eine Datei ---
for(k=0; k<anzahl; k++;)
{
    ziel.width(4); ziel << tab[k].jahr;
    ziel.width(8); ziel << tab[k].wert;
    ziel << endl;
}
```

Die Variable `k` bezeichnet den For-Schleifen-Index.

Mit der Elementfunktion `width()` wird die Breite in Byte des zu schreibenden Wertes festgelegt. Für die Ausgabe werden nun der Stream-Operator (<<). Man erkennt leicht die Analogie zum Ausgabe-Objekt `cout`. Insofern ist es hier auch erforderlich die Bibliothek `<iostream>` einzubinden und den Standard-Namensraum zu verwenden.

7.4.6.3. Binär-Dateien lesen und speichern

Binär-Dateien werden byte-weise gelesen beziehungsweise geschrieben. Dazu ist der Modus `ios::binary` als Parameter einzustellen.

Als Elementfunktionen stehen zum Schreiben in eine Datei `write()` und zum Lesen aus einer Datei `read()` zur Verfügung.

Syntax:

```
//Unformatierte Aus-Datei-Lesen-Funktion
basic_istream& read(char_type *str, streamsize count);

//Unformatierte In-Datei-Schreiben-Funktion
basic_ostream& write(const char_type *str, streamsize
count);
```

Ein Typ-Cast vom Datentyp 'Zeiger auf **char**' für das Array (`tab`) ist ein „Workaround" um byteweise schreiben bzw. lesen zu können. Funktion bricht das Lesen früher ab, wenn das EOF-Bit gesetzt wurde.

Die Byte-Anzahl des Feldparameters (`tab`) wird in diesem Fall mit dem `sizeof`-Operator ermittelt.

```
//---Ausgabe eines Struktur-Array in eine Datei ---
//...
ziel.open(dateiName, ios::binary);
ziel.write((char*) tab, sizeof(tab));
ziel.close();
//...
```

```
//---Einlesen eines Struktur-Array aus einer Datei ---
quelle.open(dateiName, ios::nocreate|ios::binary);
quelle.read((char*) backTab, sizeof(backTab));
quelle.close();
//…
```

Der Modus `ios::nocreate` gibt an, dass die Datei nicht erstellt wird, wenn sie nicht vorhanden ist. Mit der Verwendung der Element-Funktion `open()` sollte, wie oben im Abschnitt über Textdateien beschrieben, eine Fehlerbehandlung einhergehen. Diese wurde hier im Interesse der Übersichtlichkeit weggelassen.

8. Dynamische Datenstrukturen

Dynamische Datenstrukturen bezeichnen in der Informatik Datenstrukturen, die eine flexible Menge an Arbeitsspeicher bei der Laufzeitumgebung zur Aufnahme von Daten anfordern.

Die Speicheranforderung kann dabei während der Initialisierung in einem „Stück" (kontinuierliche Speichermenge) erfolgen oder in der Form realisiert werden, dass der Speicherbedarf mit jedem hinzugefügten Datensatz vergrößert wird.

Das letztere Konzept ist immer dann wichtig, wenn die Menge der zu verwaltenden Daten nicht von vornherein, also zur Entwicklungszeit des Programms, feststeht. Die Speicherverwaltung des Betriebssystems legt fest, in welchem Adressbereich die Daten im Arbeitsspeicher abgelegt werden und überprüft, ob überhaupt genug Speicher gemäß der Anforderung zur Verfügung gestellt werden kann. **[Wikipedia]**

8.1. Listen

Listen sind ähnlich wie auch Arrays Folgen von Elementen bzw. Knoten.

Der Hauptunterschied zwischen Arrays und Listen besteht darin, dass die Knoten der Liste zusätzlich zu den Daten mindestens einen Zeiger enthalten. Listenelementen sind also grundsätzlich Strukturvariable. Sie enthalten also Datenelemente i.d.R. unterschiedlichen Typs (z.B. einen Personaldatensatz) und mindestens einen Zeiger vom Strukturdatentyp der Listenelemente.

Man unterscheidet generell zwischen einfach verketteten Listen und doppelt verketteten Listen. Zusätzlich gibt es noch Varianten dieser Typen, wie z.B. die Ringliste.

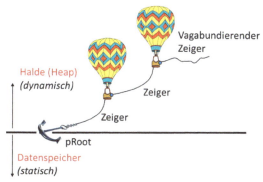

Anders als beim Array wird für die Listenelemente aber i.d.R. kein zusammengehöriger Speicherplatz zur Verfügung gestellt. Listenelemente werden immer dynamisch angelegt (Operator **new**).

Der in der Datenstruktur eines jeweiligen Listenelementes integrierte Zeiger enthält die Adresse des nachfolgenden Listenelements.

Man kann sich eine Liste als miteinander über Seile verbundene Heißluftballons vorstellen. Die Ballone sind die Datensätze der Listenelemente und die Seile sind die Zeiger auf das nachfolgende Listenelement. Der erste Ballon wird an einem Anker am Boden befestigt. Das Seil des letzten Ballons in der Reihe flattert ohne Bindung in der Luft.

Bei der Liste ist der Anker eine automatische Zeigervariable (pRoot), die die Adresse des ersten Listenelements enthält. Der Listenanker muss vom selben Datentyp wie die Listenelemente sein. Die Anfangsadressen aller anderen Listenelemente werden dynamisch zur Laufzeit des Programms erzeugt.

Ähnlich wie beim Array lassen sich Listenelemente an einer beliebigen Stelle der Liste einfügen oder entfernen. Dazu müssen keine Listenelemente ‚verschoben' werden. Einzig und allein die Adressen der beteiligten Zeiger müssen angepasst werden.

Eine Liste wird komplett dynamisch aufgebaut. Es handelt sich um eine vielfältig einsetzbare dynamische Datenstruktur, die vor allem dort Verwendung findet, wo erst zur Laufzeit die Anzahl benötigter Datensätze ermittelt werden. Eine Liste enthält also keine leeren Listenelemente, sondern nur so viele, wie auch konkrete Datensätze gespeichert wurden. Der Platzverbrauch wird also nur durch Inhalt der Listen bestimmt.

Der vagabundierende Zeiger des letzten Listenelements (N) sollte i.d.R. mit NULL (0) initialisiert werden, um beim Durchlaufen einer Liste eine Möglichkeit zu schaffen, automatisch das Ende einer Liste zu erkennen.

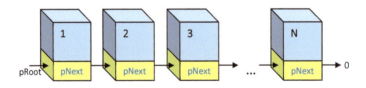

Bei Listenelemente lässt sich demnach feststellen, dass ein Zeiger die Anfangsadresse des jeweils nächsten Listenelements oder 0/NULL (Ende der Liste) enthält.

Der Zeiger, der auf das erste Listenelement zeigt (z.B. pRoot), operiert als Listenanfang oder „Listenanker".

8.2. Doppelt verkettete Listen

Doppelt verkettete Listen enthalten zwei Zeiger. Ein Zeiger enthält die Anfangsadresse des nachfolgenden Listenelements und der zweite die

Adresse des Vorgängers.

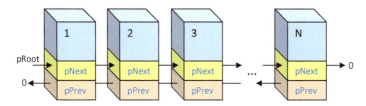

Mit dieser Konstruktion ist nun ein Navigieren auch zum Listenanfang hin möglich. Die Suche nach einem Schlüssel muss aber auch hier mit der langsamen sequentiellen Suche erfolgen.

Die Definition eines Listenelements könnte im einfachsten Fall dann folgendermaßen erfolgen:

```
struct TListElem
{
    int schluesselWert;
    TListElem *pNext, *pPrev;
};
```

8.3. Binärbäume

Binärbäume haben im Unterschied zu den allgemeineren *B-Bäumen (balancierte oder Bayer-Bäume)*, die in relationalen Datenbanken verwendet werden, pro Knoten nur zwei Kind-Knoten.

In der Graphentheorie bezeichnet ein Binärbaum eine spezielle Form eines Graphen.

Ein Binärbaum ist entweder leer, oder er besteht aus einer Wurzel mit einem linken und rechten Teilbaum, die wiederum Binärbäume sind.

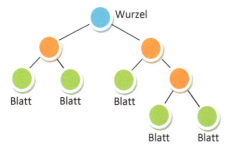

Das Wurzelelement ist bei diesen Bäumen oben. Wir haben es also mit einem auf dem Kopf stehenden Baum, ähnlich einer Ahnentafel, zu tun. Knoten, die keinen Nachfolger haben, werden Blätter genannt.

Im folgenden Kapitel werden sogenannte binäre Suchbäume betrachtet.

8.3.1. Binärer Suchbaum

Verkettete Listen haben gegenüber Binärbäumen den Nachteil, dass eine Suche nach einem Schlüssel nur sequentiell realisiert werden kann. In Binären Suchbäumen hingegen gibt es wiederum die Möglichkeit die schnellere Binäre Suche zu verwenden.

Ein binärer Suchbaum ist ein Binärbaum, bei dem die Knoten des linken Teilbaums eines Knotens nur kleinere (oder gleiche) Schlüssel und die Knoten des rechten Teilbaums eines Knotens nur größere (oder gleiche) Schlüssel als der Knoten selbst besitzen.

Beispiel:

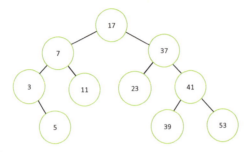

Es ist leicht zu sehen, dass jeder Knoten eines Binärbaums maximal zwei Nachfolger haben kann. In der Datenstruktur eines Knotens müssen demnach zwei Verweise (Zeiger) auf mögliche Kindknoten existieren.

Wie schon bei den Listen müssen die Zeiger vom selben Typ wie ein Knotenelement sein.

8.3.2. AVL-Baum

„Der AVL-Baum ist eine Datenstruktur in der Informatik, genauer ein balancierter binärer Suchbaum. Als Invariante beim AVL-Baum gilt, dass sich für jeden Knoten die Höhen der beiden Teilbäume um höchstens 1 unterscheiden. Diese Bedingung verhindert (bei einem moderaten Aufwand), dass der Baum zu sehr aus der Balance gerät. Die Höhe eines AVL-Baums mit n Knoten liegt in $O(\log n)$ und damit auch die maximale Anzahl der Schritte, um ein Element zu finden oder festzustellen, dass es nicht enthalten ist."**[Wikipedia]**

Diese Datenstrukturen werden in diesem Skript vorerst nicht behandelt.

9. Intermezzo: Algorithmen mit dynamischen Datenstrukturen

9.1. Operationen auf Listen

Im Folgenden sollen einige wichtige Operationen diskutiert werden. Dazu gehört:

- das Anlegen einer Liste und von Listenelementen mit einem Hilfszeiger,
- das Suchen eines Elementes mit einem Hilfszeiger,
- das Einfügen am Anfang, am Ende der Liste bzw. das sortiertes Einfügen in der Liste,
- das Löschen am Anfang, am Ende der Liste bzw. in der Liste nach Schlüsseln.

9.1.1. Anlegen einer Liste

Als erstes benötigt man die Struktur der Listenelemente und einen Listenanker also einen Zeiger (z.B. *pRoot*) vom Typ der Listenelemente. Die Listenelemente werden nachfolgend einzeln dynamisch mit einem Hilfszeiger erzeugt und mit der Liste verknüpft. Im Gegensatz zum bisherigen Vorgehen wird der Wurzelanker (pRoot) der Einfachheit halber als globale Variable definiert. Wir werden später eine andere Lösung erarbeiten.

Beispiel:

```
struct TListElem
{
    // Schlüssel (hier: einziges Datenelement)
    int  wert;
    // Speicher-Adresse des Nachfolger-Elements
    TListElem *pNext;
};

// Listenanker und Hilfszeiger
TListElem   *pRoot = 0, *hp;
// Listenanker --> zeigt auf das
// 1. Element der Liste
// Ein neues Listenelement dynamisch erstellen.
hp = new TListElem;
// Initialisieren des neuen Elements
hp->wert = 100;
hp->pNext = NULL;
// wenn schon mindestens ein Listenelement existiert
pRoot->pNext = hp;
//...
```

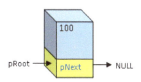

Die Struktur des Beispiel-Listenelements ist extrem einfach. Ohne Probleme können weitere Datenelemente hinzugefügt werden. Elementar ist der Zeiger pNext, der die Anfangsadresse eines nachfolgenden Listenelements aufnehmen soll, um die Verbindung der Elemente untereinander zu ermöglichen. Die Initialisierung des Zeiger pNext mit 0 (**NULL**) ist wichtig, da das neue Element ja das letzte Element der Liste werden könnte.

9.1.2. Einfügen am Anfang der Liste

Nach dem Anlegen eines neuen Elements über einen Hilfszeiger wird, wenn bereits Elemente vorhanden sind, die vorhandene Liste an das neue Element angehängt. Dazu wird die Adresse des Listenankers im Zeiger pNext des neuen Elements gespeichert. Nachfolgend wird die ganze Liste wieder an den Listenanker „angehängt", indem der Zeiger pRoot wieder auf das erste Listenelement gesetzt wird.

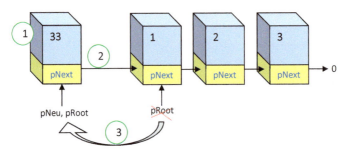

Beispiel:

```
/*
    Einfügen am Listenanfang
    @Param pNeu: Neu einzufügendes Listenelement
*/
void einfuegenAnAnfang( TListElem *pNeu )
{
    // Liste an neues Element anhängen
    pNeu->pNext = pRoot; // (2)
    pRoot = pNeu;  // pRoot auf Listenanfang (3)
} // Ende insert
```

Im Quelltext wird davon ausgegangen, dass das neue Listenelement außerhalb der Funktion einfuegenAmAnfang() dynamisch angelegt wird. Die Anfangsadresse dieses Elements wird mit dem Zeiger pNeu an die Funktion übergeben, so dass dort direkt auf den neuen Knoten zugegriffen werden kann. Um auf die Strukturelemente des dynamisch angelegten Knotens zuzugreifen zu können, muss man den Pfeiloperator verwenden.

Die bestehende oder leere Liste wird an das neue Element „angehängt", indem die Anfangsadresse der Liste im Zeiger pNext des neuen

[140]

Elementes gespeichert wird.

Im letzten Schritt dieser Funktion wird die „alte" Adresse in pRoot mit der Adresse des neuen Listenelements überschrieben. Damit zeigt pRoot wieder auf den Listenanfang.

Diese Art des Einfügens kann bspw. in der Datenstruktur Kellerspeicher (Stack) zum Einfügen (Operation: push) verwendet werden.

9.1.3. Suchen eines Elements in der Liste

In einer verketteten Liste, wie sie hier vorgestellt wird, wird nur ein sequentielles Suchen nach einem Schlüssel angeboten! Eine Indizierung wie in einem *Array* ist nicht möglich, da die Listenelemente nicht alle hintereinander in einem Speicherblock gruppiert sind, sondern zu unterschiedlichen Zeiten einzeln dynamisch eingerichtet werden.

Die Suche erfolgt mit einem Hilfszeiger (z.B. hp), der mit der Adresse des Zeigers pRoot initialisiert wird. Als nächstes wird der Suchschlüssel mit dem Schlüssel des ersten Listenelements verglichen. Wird keine Gleichheit festgestellt wird der Hilfszeiger mit der Adresse des zweiten Listenelements initialisiert und der Prozess wiederholt sich erneut.

Man durchläuft mit hp die Liste nun solange, bis man das gesuchte Schlüsselelement gefunden hat oder am Ende angelangt ist. Das Listenende ist ja bekanntlich ein Zeiger pNext mit dem Wert 0.

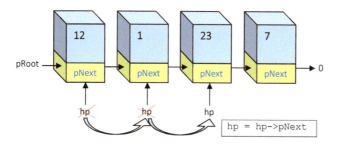

Im folgenden Beispiel wird mit einem einfachen ganzzahligen Suchschlüssel gearbeitet.

Beispiel:

```
/*
    Einfügen am Listenanfang
    @Param suchSchlüssel: Index des gesuchten
    Elements
    Rückgabe: true (gefunden), false (nicht gefunden)
*/

bool suche( int suchSchlüssel );
```

```
bool suche( int suchSchlüssel )
{
    bool gefunden = false;    // Nicht gefunden!
    TListElem *hp;            // Hilfszeiger
    hp = pRoot;               // auf Anfang setzen
    while (( hp != 0 ) && ( hp->wert !=
suchSchlüssel))
    {
        hp = hp->pNext;
    } // end while
    if ( hp != 0 ) gefunden = true; // gefunden !
    return gefunden;
} // Ende suche
```

Mit dem Hilfszeiger hp durchläuft man die Liste, bis der Suchschlüssel gefunden wurde oder aber bis das Listenende (hp==0) erreicht wurde.

Nach Durchlaufen der While-Schleife muss nun noch der Inhalt des Zeigers hp überprüft werden.

Der Rückgabewert der Funktion verrät uns nur, ob der gesuchte Schlüssel in der Liste existiert oder nicht (**true** oder **false**). In einer verbesserten Variante kann man die Adresse des Listenelements zurückgeben, das den gesuchten Schlüssel enthält oder aber den Null-Pointer, wenn der Schlüssel in der Liste nicht existiert. Der Hilfszeiger hp muss dann aber als zweiter Parameter der Funktion mit übergeben werden.

9.1.4. Einfügen am Ende der Liste

Beim Einfügen am Ende der Liste kann man entweder ein neues Listenelement über einen zweiten Zeiger (pLast) direkt am Listenende einfügen oder man durchläuft die Liste zuerst bis an ihr Ende mit einem Hilfzeiger.

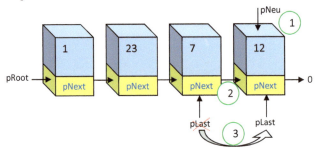

Da die zweite Variante nicht sehr performant ist, soll nur die erste Variante näher erläutert werden.

Der Zeiger pLast zeigt vor dem Einfügen des neuen Elements auf das letzte Listenelement. Der Zeiger pNext des letzten Listenelements wird mit der Anfangsadresse des neuen Elements initialisiert. Damit verknüpfen wir das Element mit dem Ende der Liste.

Beispiel:

```
void einfuegenAmEnde(TListElem *pNeu)
{
   if (pRoot == 0)    // Leere Liste
   {
      pLast = pRoot = pNeu;
   }
   else
   {
      pLast->pNext = pNeu;  // Anhängen (2)
      pLast = pLast->pNext; // (3)
   } // else
} // einfuegenAmEnde
```

Ist die Liste vor dem Einfügen leer, so ist das neue Listenelement nach dem Einfügen zugleich erstes und letztes Listenelement.

Diese Art des Einfügens kann bspw. in der Datenstruktur Warteschlange (Queue) zum Einfügen (Operation: append) verwendet werden.

9.1.5. Sortiertes Einfügen in der Liste

Beim Einfügen eines neuen Elements in die sortierte Folge von Listenelementen muss bezüglich der Einfüge-Position eine Fallunterscheidung vorgenommen werden.

Ist die Liste leer erfolgt das Einfügen ohne Suche am Listenanker. In allen anderen Fällen muss zunächst die Einfügestelle gesucht werden.

Je nachdem, wo man sich befindet, wird entsprechend eingefügt:

- Vor dem ersten Listenelement,
- Mitten in der Liste
- Am Ende der Liste.

Beim Einfügen mitten in der Liste oder an deren Ende wird zuerst der Zeiger pNext des neuen Elements mit der Adresse des an der Einfüge-Position nachfolgenden Listenelements initialisiert.

In einem weiteren Schritt wird bzgl. der Einfüge-Position der Zeiger pNext im vorhergehenden Element mit der Adresse des neuen Elements initialisiert. Um noch einen Zugriff auf die Adresse des vorhergehenden Elements zu haben, führen wir einen zweiten Hilfszeiger ein, der dem ersten Hilfszeiger im Abstand von einem Listenelement folgt (Schleppzeiger).

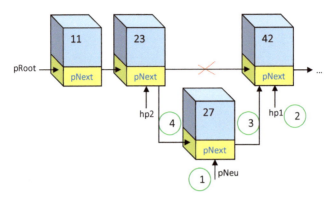

Beispiel:

```
/*
    Einfügen eines Listenelements in der Liste
    @Param pNeu: Einzufügendes Listenelement
*/
void einfuegenSortiert(TListElem *pNeu)
{
    TListElem *hp1, *hp2;    // Hilfszeiger
    // leere Liste ?
    if ( pRoot == 0 ) pRoot = pNeu;
    else
    {   // Einfügestelle suchen
        hp1 = pRoot;
        hp2 = 0;
        while (hp1 && ( hp1->wert < pNeu->wert ))
        {
            hp2 = hp1;
            hp1 = hp1->pNext;
        } // end while
        if ( hp2 == 0 )    // am Anfang
        {
            hp->pNext = pRoot;
            pRoot = pNeu;
        }
        else // mittendrin oder am Ende
        {
            pNeu->pNext = hp1;
            hp2->pNext = pNeu;
        } // end else
    } // end else
} // einfuegenSortiert
```

Auch hier wird anfänglich kontrolliert, ob die Liste evtl. leer ist. Ist das der Fall ist das neue Element das erste der Liste. Ist die Liste nicht leer, werden zunächst die beiden Hilfszeiger (hp1, hp2) in die Anfangsposition gebracht. Nachfolgend muss die Einfüge-Position gesucht werden. Das erfolgt über den Vergleich hp1→wert < pNeu→wert. Das der Schlüsselwert des aktuellen Listenelements, auf das der Zeiger hp1 zeigt, größer als der Schlüsselwert des neuen

[144]

Elements ist, kann am Anfang oder mitten in der Liste vorkommen. Tritt dieses Ereignis ein, wird die While-Schleife beendet.

Erreichen wir in der While-Schleife das Ende der Liste, enthält der Zeiger hp1 den Null-Pointer (Listenende). Auch in diesem Fall wird die While-Schleife beendet. Im Schleifenkörper werden die beiden Hilfszeiger stets um eine Listenelementposition weiter gesetzt.

Nach dem Beenden der While-Schleife muss nun kontrolliert werden, an welcher Position sich die beiden Hilfszeiger befinden. Ist der Inhalt des Zeigers hp2 nach wie vor 0, bedeutet das, dass schon der Vergleich mit dem Schlüsselwert des ersten Listenelements zum Abbruch der Schleife geführt hat. Das neue Element muss als erstes Listenelement vor allen anderen in die Liste eingefügt werden.

Enthält der Zeiger hp2 eine gültige Adresse, wird die Restliste, auf die der Zeiger hp1 zeigt, an das neue Element „angehängt". Das heißt, dass die Adresse, die der Zeiger hp1 enthält in den Zeiger pNext des neuen Elements kopiert wird. In einem weiteren Schritt wird die Adresse des neuen Elements in den Zeiger pNext des Zeigers hp2 kopiert. Damit ist das neue Element sortiert eingefügt.

9.1.6. Löschen von Elementen in der Liste

Elemente lassen sich natürlich aus einer Liste wieder entfernen. In der Regel möchte man einen ganz bestimmen Datensatz löschen, nachdem man zuerst suchen muss. Das könnte z.B. ein Produktdatensatz sein, bei dem das Produkt veraltet ist, oder eine Dienstleistung, die so nicht mehr angeboten wird.

Möchte man die gesamte dynamisch erzeugte Liste wieder freigeben, wenn die Liste, z.B. bei Programmende, nicht mehr benötigt wird, kann man alle Elemente der Reihe nach freigeben. Meistens wird dann vom Listenanfang aus gelöscht. Diese Art des Löschens kann bspw. in der Datenstruktur Kellerspeicher (Stack) zum Löschen des obersten Stack-Elements (Operation: pop) verwendet werden.

Zum Löschen eines Listenelements wird der Operator **delete** verwendet.

Beispiel: Löschen des Listenelement mit dem Schlüssel 23

Das Listenelement mit dem Schlüssel 23 soll gelöscht werden. Um das Element in der Liste zu finden, verwenden wir die modifizierte Funktion suche(), die uns die Adressen des Vorgängerelements und des gesuchten Listenelements als Rückgabeparameter über die Call-by-Reference-Parameter hp1, hp2 liefert.

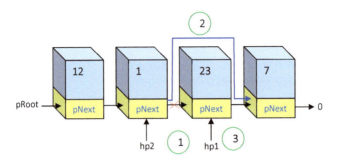

Der Kurzschluss wird meist über die Zuweisung `hp2→pNext=hp1→pNext;` aufgebaut (2). Es könnte aber natürlich auch sein, dass das zu löschende Element das erste in der Liste ist. Dann enthielte der Zeiger `hp2` den Wert 0. In diesem Fall muss der Kurzschluss über die folgende Anweisung hergestellt werden: `pRoot=hp1→pNext;`.

Im dritten Schritt wird das zu löschende Listenelement über den Zeiger `hp1` freigegeben (3).

Beispiel-Code für einfache Listenelemente:

```
/*
    Löschen eines Listenelements
    @Param suchSchlüssel: Index des gesuchten Elements
    Rückgabe: true (gelöscht), false (nicht gefunden)
*/
bool loesche(int schluesselWert)
{
    bool ok = false;
    TListEl hp1, hp2;

    if (suche(schluesselWert, hp1,hp2))   // gefunden ?
    {
      if (hp2 == 0)                       //alternativ: if(!hp){…}
         pRoot = hp1->pNext     // Am Anfang
      else
         hp2->pNext = hp1->pNext; // Mittendrin od am Ende

      // Freigabe anderer dynamischer Speicherbereiche, die
      // mit dem aktuellen LE verbunden sind.
      delete( hp1 );
      ok = true;
    } //if
    return ok;
} // Ende loesche
```

Anstatt den Rückgabewert der Funktion `suche()` auszuwerten, kann man auch den Zeiger hp1 auswerten. Enthält dieser den Null-Pointer, wurde der Schlüsselwert nicht gefunden.

Im Folgenden wird noch der Quellcode einer Funktion gegeben, die den dynamisch angeforderten Speicher der gesamten Liste freigibt:

```
/*
   Freigabe des dynamisch angeforderten Speichers für
   die Listenelemente
*/
void loescheListe(void)
{
   TListEl *hp;
   hp = pRoot;
   while ( hp != 0 )    //alternativ: while(hp){…}
   {
      pRoot = hp->pNext;
      /* Freigabe anderer dynamischer Speicherbereiche,
die
         mit dem aktuellen LE verbunden sind. */
      delete( hp );
      hp = pRoot;
   } //while
} // Ende loescheListe
```

Hinweis: *Enthält ein Listenelement dynamische deklarierte Variablen, müssen diese vor dem Löschen des Listenelements ebenfalls mit* `delete` *freigegeben werden!*

9.2. Listen-Anwendungen

Die klassischen Listenanwendungen sind der Kellerspeicher (Stack) und die Warteschlange (Queue).

In den „Stack" können Elemente am Anfang der Liste eingefügt und auch nur dort wieder entfernt werden. Die Operation für das Einfügen eines Listenelements wird hier i.d.R. **„push"** und die Operation für das Herauslösen eines Elements **„pop"** genannt.

Warteschlangen sind ebenfalls Puffer oder allgemein Behälter, in denen Elemente am Ende der Liste eingefügt und nur in der bestehenden Reihenfolge am Listenanfang wieder entnommen werden können. Die Operation für das Einfügen (**put**) erfolgt an einem Ende der Queue und das Entfernen (**get**) am anderen Ende.

9.2.1. Anwendung Stack

Die Arbeitsweise lässt sich mit „*Last In First Out*" (*LIFO*) umschreiben. Der Stack kann aber auch leer und bei begrenztem Fassungsvermögen, z.B. bei einer Implementierung als Array voll sein, so dass es möglicherweise unbemerkt zu einem Stack-Überlauf kommen kann (*bounded Stack*).

Die beiden wichtigen Operationen werden nachfolgend in Struktogrammen dargestellt.

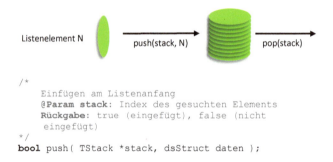

```
/*
    Einfügen am Listenanfang
    @Param stack: Index des gesuchten Elements
    Rückgabe: true (eingefügt), false (nicht
    eingefügt)
*/
bool push( TStack *stack, dsStruct daten );
```

Die Funktion push() implementiert die Operation „Einfügen am Listenanfang".

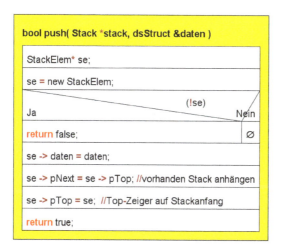

Die Funktion `stckPop()` implementiert die Operation „Löschen am Listenanfang".

```
int pop( Stack *stack, dsStruct &daten );
```

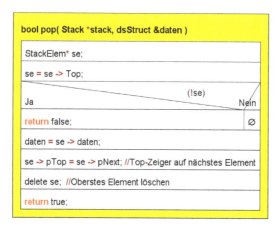

Wenn der Stack Elemente enthält, werden die Daten des obersten Stack-Elements ausgelesen, der Zeiger stckEl→pTop, der immer auf das oberste (erste) Listenelement zeigt, wird mit der Adresse des nachfolgenden (zweiten) Listenelements überschrieben und das „alte" erste Element wird freigegeben. Enthalten die Listenelemente dynamisch angelegte Datenelemente, müssen diese vor der Freigabe des Speicherbereichs des Listenelements freigegeben werden.

Die Struktur `TStackEl` beschreibt hier eine konkrete Sammlung von Datenelementen eines Stack-Elements.

[149]

9.2.2. Anwendung Queue

Die Arbeitsweise lässt sich mit „*First In First Out" (FIFO)* umschreiben.

Die Operation „put" wird nachfolgend im Struktogramm dargestellt.

```
int queuePut( Queue *queue, dsStruct daten );
```

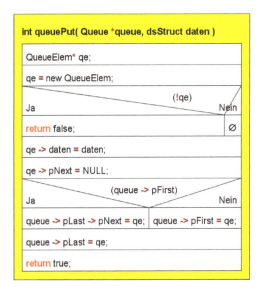

Die Funktion `queuePut()` implementiert die Operation „Einfügen am Listenende".

Konnte ein neues Queue-Element erstellt werden, wird es zunächst initialisiert. Wenn es schon Warteschlangenelemente gibt, die im Zeiger `pFirst` gespeicherte Adresse also ungleich NULL ist, wird das neue Queue-Element an die Warteschlange angehängt. Ansonsten ist das neue Queue-Element das erste Element der Warteschlange.

Schließlich wird der Zeiger `pLast` der Queue mit der Adresse des neuen letzten Elements überschrieben.

Die Struktur `QueueElem` beschreibt hier eine konkrete Sammlung von Datenelementen eines Warteschlangen-Elements.

10. Glossar

Argument	Ein Wert, der an eine Funktion übergeben wird. (siehe auch Parameter).
Array	Ein Feld von Variablen eines bestimmten Typs, z.B. `int a[10]`.
Ausdruck (expression)	Eine Folge von Operatoren und Operanden, die ein einzelnes Ergebnis liefert.
Ausführbare Anweisung	Ausdruck gefolgt von einem Semikolon.
Ausführbares Programm (executable)	Ein Programm, das unter Steuerung eines Betriebssystems oder einer ähnlichen Laufzeitumgebung arbeitet.
Block	Eine Folge (Sequenz) von Definitionen, Deklarationen und Anweisungen, die in geschweiften Klammern `{ }` eingeschlossen werden.
Compiler (Übersetzungsprogramm)	Ein Programm zur Umwandlung von Quellcode in Maschinencode.
Datentyp	Definition der Daten, z.B. `int`, `char`, `float`
Definition	1. Die Definition einer Variablen ist eine Deklaration, bei der Speicherplatz zugeordnet wird, z.B.: `int a; char c; threeVector v` 2. Die Definition einer Funktion oder Klassen-Methode ist die Implementierung der Funktion/Methode; im Unterschied zur Deklaration umfasst dies den eigentlichen Programmcode der Funktion.
Deklaration	Ein Konstrukt, der einem Variablen-, Klassen- oder Funktionsbezeichner Attribute zuordnet. Es wird kein Speicherplatz reserviert. Typisches Beispiel: Funktion- oder Klassendeklaration in Header-File; damit werden der Name, die Parameter und Typ des Rückgabewertes einer Funktion festlegt. z.B.: `double square( double x);`
Escape-Sequenz	Steuerzeichen, die aus einer Kombination von Back-Slash (\) und einem Buchstaben oder einer Zahl bestehen, z.B. `\n` für "newline".
Floating-Point-Number (Gleitkommazahl)	Eine Zahl mit Dezimalpunkt und Exponent.

Funktion	Eigenständiger Programm–Block mit Bezeichner. Kann von anderen Stellen im Programm oder in anderen Quelltextdateien (engl. Source-Files) aufgerufen werden. Im Allgemeinen werden Argumente (Parameter) übergeben und Werte zurückgegeben. Beispiel: `double square(double x){return( x*x);}`
Header-Files	Header-Dateien enthalten Deklarationen von Funktionen oder Klassen. Um externe Funktionen oder Klassen verwenden zu können, muss zuvor die entsprechende Header-Datei eingebunden werden, z.B.: `#include <cmath>` ➔ um `sin()`, `rand()`, `sqrt()` etc. verwenden zu können.
Identifier (Bezeichner)	Ein Name der verwendet wird, um auf abgespeicherte Daten wie Konstanten, Variablen oder Funktionen zuzugreifen.
Integer (ganze Zahl)	Eine Zahl ohne Nachkommastellen.
Keyword (Schlüsselwort)	Ein Wort, das in C++ eine festgelegte Bedeutung hat, z.B. `if`, `while`, `int`, `...`; Diese Wörter dürfen nicht für andere Zwecke verwendet werden.
Konstante	Eine Größe, die einen festen Wert repräsentiert und die nach Initialisierung nicht verändert werden kann.
Library (Bibliothek)	Ein Datei, die vorkompilierte Funktionen enthält. Diese können mit einer Objekt-Datei verbunden (gelinkt) werden, um daraus ein ausführbares Programm zu erzeugen.
Library Funktion (Bibliotheksfunktion)	Eine Funktion, die als Objekt-Datei in einer Library gespeichert ist.
main	Funktion, die per Konvention in C/C++ die erste Funktion ist, die immer beim Start eines C/C++-Programms aufgerufen wird. Eine Funktion mit der allgemeinen Signatur `int main( int argc, char** argv)`
Literal	Buchstaben, Ziffern und Zeichenketten, die nicht interpretiert und deshalb als Konstanten und nicht als Bezeichner verwendet werden.
Objekt-Kode	Anweisungen in Maschinensprache, die der Compiler aus dem Quell-Code erzeugt. Bitte nicht mit Quellcode für Objekt-Instanzen einer

	Klasse verwechseln.
Operand	Variable oder Ausdruck neben einem Operator, z.B.: `z = a + b`; Die Variablen a und b sind beide Operanden des + Operators, z und (a+b) sind Operanden des = Operators.
Operator	Symbol für Standard-Operationen: `+-*/=<>...`
Pointer (Zeiger)	Eine Variable, die eine Adresse (Verweis auf Stelle im Speicher) enthält.
Parameter	Ein Wert, der von einer Funktion im Funktionskopf (Parameterliste) übernommen wird.
Preprocessor (Präprozessor)	Schritt vor dem eigentlichen Kompilieren: bestimmte Direktiven im Quellcode (`#include ...`, `#define ...`, `#if ...`) werden erkannt und ausgewertet.
Quellcode	Eine Textdatei, die lesbare C++ Anweisungen enthält, die in Maschinenkode übersetzt (kompiliert) werden können.
Scope	Sichtbarkeitsbereich von Variablen
String (Zeichenkette)	Als Konstante einfach durch Anführungszeichen (*double-quotes* → "Zeichenkette") definiert. In C ist eine Zeichenkette ein Array von Buchstaben (char-Array), die mit dem Null Zeichen (`\0`) begrenzt werden. In C++ existiert zusätzlich ein eigener Datentyp (string - Klasse).
Syntax error (Syntaxfehler)	Ein Fehler im Quellcode, der dazu führt, dass der Compiler sich weigert, das Programm zu übersetzen.
Variable	Bezeichner (und Speicherplatz) für eine Größe mit bestimmten Eigenschaften (Datentyp) deren Wert sich ändern kann, während das Programm läuft. Eine Variable wird durch einen Namen, einen Datentyp, eine Speicheradresse und einen Wert charakterisiert.
Zuweisung (Assignment)	Variable bekommt einen Wert oder ein Ergebnis eines Ausdrucks zugewiesen, z.B.: `a = 3 + 6`

10. Entwicklungsumgebungen (Auswahl)

Im Folgenden sollen kurz einige Entwicklungsumgebungen vorgestellt werden. Dabei handelt es sich um zwei aus dem „Public-Domain-"Bereich, die Sie kostenfrei aus dem Internet herunterladen können und eine kommerzielle Entwicklungsumgebung.

10.1. DEV-C++

DEV-C++ ist eine kleine schlanke Entwicklungsumgebung, die aus einem Editor und einem Compiler besteht. Als Compiler wurde im Package MinGW (Minimalist GNU for Windows) integriert. Die Entwicklungsumgebung ist auch als portable Applikation für den Memory-Stick bei sourgeforce.net frei erhältlich.

Nach dem Programmstart öffnen Sie ein neues Projekt. Dabei wählen Sie die Option aus dem Menü-Punkt ‚Datei' aus oder klicken auf den eingekreisten Button. Es erscheint dann das folgende Unterfenster:

Geben Sie Ihrem Projekt einen passenden Namen, klicken Sie auf ‚Console Application', achten Sie darauf, dass die Option ‚C++-Projekt' ausgewählt wurde und bestätigen die Auswahl mit dem Ok-Button.

Es erscheint im Editor-Fenster nun der Quelltext für das Rahmenprogramm Ihrer Anwendung.

Fügen Sie die in der folgenden Abbildung hervorgehobene Zeile ein!

Oben links in der zweiten Werkzeug-Zeile sind die Kurzwahl-Button für das Kompilieren und Ausführen der Anwendung:

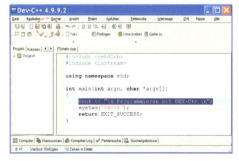

Mit dem linken Button können Sie Ihr Programm kompilieren, mit dem mittleren Button können Sie das Programm kompilieren und direkt ausführen lassen. Sie sollten dann eine ähnliche Ausgabe erhalten, wie Sie in der folgenden Abbildung dargestellt ist.

Die Debugging-Möglichkeiten mit DEV-C++ sind stark eingeschränkt. In dieser Hinsicht kann diese IDE mit anderen nicht mithalten. Für erste Erfahrungen mit C/C++-Programmen reicht sie aber allemal aus.

Für die Fehlersuche setzen Sie zunächst durch einen Klick auf den linken grauen Rand im Editor einen oder mehrere Haltepunkte.

Ein Klick auf den Menü-Punkt ‚Fehlersuche' bringt Sie in den Debugging-Mode (F8-Taste).

Sie können dann Schritt für Schritt das Programm ab diesem Punkt abarbeiten (F7-Taste oder „Nächster Schritt").

Im links angeordneten Fenster „Fehlersuche" werden Ihnen die Variablen und deren Inhalt angezeigt. Hier wird der aktuelle Inhalt der Variable i mitgeteilt.

10.2.   Das C++-Eclipse-Paket

Die IDE Eclipse (http://www.eclipse.org/) wurde ursprünglich für die Programmiersprache Java entwickelt. Eclipse ist heute ein Universalwerkzeug für vielfältige Software-Entwicklungsaufgaben. Der modulare Aufbau auf der Basis von *Plugins* hat aber dazu geführt, dass Eclipse heute für unterschiedliche Programmiersprachen auf unterschiedlichen Betriebssystemen verfügbar ist. Der Entwickler installiert sich zusätzlich das, was er an Funktionalität benötigt. Damit bleibt die DIE relativ „schlank" und wird nicht mit Sachen überfrachtet, die im aktuellen Kontext gar nicht benötigt werden.

Das Eclipse-Paket für C++ für das Betriebssystem Windows kann bei sourceforce.net unter dem aktuellen Namen *eclipse-cpp-helios-win32* kostenlos heruntergeladen werden. Die Entwicklungsumgebung ist auch als portable Applikation für den Memory-Stick bei

sourceforce.net frei erhältlich. Aufgrund der Größe des Pakets und der langen Lade-Zeit ist aber in diesem Fall eher von der Verwendung der portablen Lösung abzuraten.

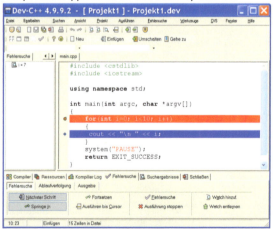

Das Eclipse-C++-Paket kann mit unterschiedlichen Entwicklungswerkzeugen (Toolchain) konfiguriert werden. Zu diesen Werkzeugen gehört neben dem Compiler, dem Linker und dem Debugger auch das so genannte Make-Tool.

Mindestens eine Toolchain sollten Sie vor der Installation von Eclipse installiert haben. Im einfachsten Fall können Sie hier für den Anfang ebenfalls *MinGW* (http://www.mingw.org)

verwenden. Eine andere Toolchain finden Sie unter dem Namen *Cygwin* (http://www.cygwin.com).

Ist die Toolchain installiert worden, können Sie das gezippte Eclipse-Paket einfach in ein Verzeichnis Ihrer Wahl kopieren. Eclipse erfordert keine Registry-Einträge.

Beim Neustart von Eclipse sehen Sie zuerst die Welcome-Seite. Sie können auch später

immer wieder über den Menü-Eintrag *Help* zu dieser Seite zurückkehren.

Sie haben hier die Möglichkeit einen Überblick über diese sehr komplexe IDE zu erhalten oder einmal in die Tutorien hineinzuschauen.

Die IDE hat eine Bedienoberfläche in englischer Sprache, über Sprachpakete (Language Packs) soll aber auch eine teilweise deutschsprachige Oberfläche möglich sein. Suchen Sie bei *eclipse.org* nach diesen Paketen.

Wenn Sie die Welcome-Seite schließen kommen Sie zur so genannten Workbench.

Programme werden als Projekte in der Workbench verwaltet. Auch wenn Sie nur eine Quelltext-Datei selbst erstellen, gehören zu einem Projekt mehrere durch die IDE automatisch erzeugten Dateien. Sie müssen sich aber nur um Ihren Quelltext und das erzeugte ausführbare Programm kümmern. Beim ersten Start von Eclipse werden Sie nach dem Workbench-Verzeichnis gefragt.

10.3.   Visual Studio C++

Neues Projekt anlegen
Oben links auf **Neues Projekt …** klicken.
Im Fenster: links **Allgemein**, rechts **Leeres Projekt** einstellen. Unten bei Name:
Projektname ohne Extension **cpp** eingeben. Falls noch nicht geschehen, darunter Ziel-
Programmordner eingeben. **OK** anklicken.

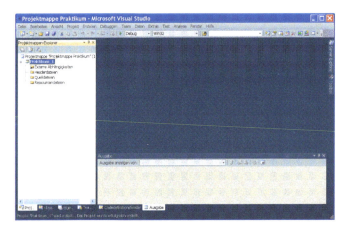

Programm-Quelltext zum Projekt hinzufügen
Quelldateien (rechter Mausklick) → Hinzufügen → Neues Element (Klick).

Im Fenstersegment unten: Namen eingeben (in der Regel wie Projektname). Im Fenster
rechts: Doppelklick auf **C++-Datei (.cpp).**

Quelltext editieren
Es erscheint ein leeres Editor-Feld. Dort den Quelltext editieren oder per *copy and paste*
einfügen. Es entsteht ein Feld wie das folgende:

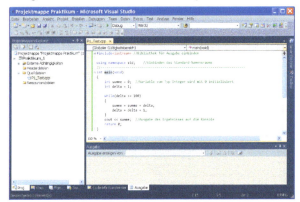

Programm übersetzen und evtl. Fehler beheben.

Mit **<F5>** übersetzen. Im unteren Segment wird der Erfolg der Übersetzung oder es werden Fehler angezeigt. Im ersten Fall öffnet sich ein Konsolenfenster zur Programmausführung:

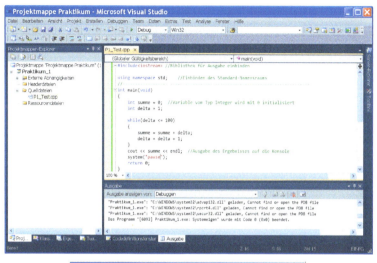

Sollten Fehler aufgetreten sein, müssen diese im Editor beseitigt werden. Dann Programm erneut übersetzen bis das Programm „läuft".

Unter Umständen wird bei Fehlern im Programm die oben dargestellte Meldung gezeigt und Visual Studio fragt, ob die letzte lauffähige Version des entwickelten Programms gestartet werden soll. Diese Frage sollte auf jeden Fall verneint werden, da Sie sonst nicht das Programm ausführen, dessen Quelltext Sie sehen!

Projekt speichern

Um ein Projekt später wieder öffnen zu können, muss es zuvor gespeichert werden:

- Im Projektmappen-Explorer den Projektnamen anklicken (so dass er blau unterlegt ist). Dann auf das Speichern-Icon in der Toolbar klicken (oder Menü Datei <Projektname> speichern).
- Alternativ kann man auch auf "Alles Speichern" klicken. Dann wird die gesamte Projektmappe inklusive aller darin enthaltener Projekte gespeichert.

Abgespeichertes Projekt öffnen

Man kann entweder ein Projekt öffnen oder eine ganze Projektmappe:

- In beiden Fällen geht man im Menü "Datei" auf "Öffnen" und dann auf „Projekt/Projektmappe".
- Es öffnet sich ein Fenster zur Dateiauswahl. Es können Projektdateien (Endung .vcxproj) oder Projektmappendateien (Endung .sln) geöffnet werden (ggf. muss man zuerst in das entsprechende Projektverzeichnis wechseln).

War vorher schon eine Projektmappe geöffnet, so kann man beim Öffnen eines Projekts angeben, ob dieses zur vorhandenen Projektmappe hinzugefügt werden soll, oder ob diese
geschlossen wird.

Kurzanleitung

Datei (Klick) → Neu → Projekt (klick)

Im Fenster:

- links **CLR**,
- rechts „Leeres CLR-Projekt" einstellen,
- unten bei Name: **Programmname** (ohne Extension cpp) eingeben (falls noch nicht geschehen, darunter Programmordner eingeben),
- **OK** anklicken.

Quelldateien (rechter Mausklick) → Hinzufügen → Neues Element (Klick)

Im Fenster:

- rechts **C++-Datei (.cpp)** einstellen,
- unten bei Name: **Programmname** (ohne Extension cpp) eingeben,
- **Hinzufügen** anklicken.

Es erscheint ein leeres Editor-Feld.

- Dort den Quelltext editieren oder per *Copy & Paste* einfügen.
- Mit **<F5>** übersetzen.

Anmerkung:

Mit „Extras → Optionen → Umgebung → Schriftarten und Farben" kann man den Schriftgrad und die Farbe ändern.

Mit "Extras → Optionen → Projekte und Projektmappen → Erstellen und Ausführen" (s. unten) kann Visual Studio so eingestellt werden, dass vor der Ausführung der Quelltext immer übersetzt wird und bei Programmfehlern das alte Programm nicht gestartet wird.

10.4.   C++-Builder

Ursprünglich wurde diese Entwicklungsumgebung von der Fa. Borland entwickelt. Lange Zeit wurde sie unter dem Namen „Borland C++" vertrieben. Zwischenzeitlich bekam die DIE den Namen „Turbo C++ - Developer Studio 2006". Das war auch die Zeit als die Fa. Embacadero die Entwicklungsumgebungen von Borland übernahm und unter dem eigenen Label vermarktete.

Kurz danach wurde das Produkt in „C++-Builder" umbenannt.

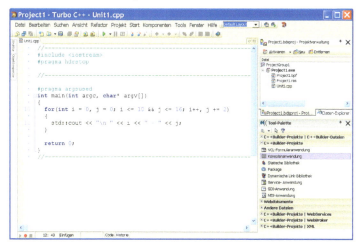

„Turbo C++" wie auch der Nachfolger „C++-Builder" sind integrierte Entwicklungsumgebungen (IDE) für die Erstellung von C/C++-Anwendungen. Die IDE enthält eine umfangreiche Sammlung von Tools, die Sie dabei unterstützen, den Entwicklungszyklus hinreichend effizient und einfach zu gestalten.

Voraussetzung zur erfolgreichen Installation der IDE ist das Vorhandensein des „Microsoft .NET Frameworks", auch als „Prerequisites" bezeichnet. Die IDE ist als zeitbeschränkte Version frei download-bar.

Das zentrale Element beim Start der IDE ist wiederum der Quelltext-Editor. Wie auch schon bei den vorhergehenden Editoren wird die Syntax hervorgehoben (syntax highlighting). Der Editor unterstützt eine kontextsensitive Hilfe zu Schlüsselwörtern, Bibliotheks- und Klassenfunktionen und zu den Komponenten (Funktionstaste F1). Ebenfalls unterstützt wird die so genannte Code-Vervollständigung bei Struktur- und Klassenvariablen über den Punkt- bzw. Pfeil-Operator und die Verwendung von Schablonen (templates).

Auf der rechten Seite der IDE sehen Sie die Projektverwaltung und die Tool-Palette. Im Grundkurs verwenden wir aus der Tool-Palette nur die Option „Konsolenanwendung".

Später werden wir Programme mit grafischen Oberflächen entwickeln und mehr Elemente der mächtigen Entwicklungsumgebung nutzen.

Programme werden als Projekte verwaltet. Auch wenn Sie nur eine Quelltext-Datei selbst erstellen, gehören zu einem Projekt mehrere durch die IDE automatisch erzeugten Dateien. Sie müssen sich aber nur um Ihren Quelltext und das erzeugte ausführbare Programm kümmern.

Hinweis: Es ist deshalb zu empfehlen, dass Sie jedes Projekt in einem eigenen Verzeichnis speichern!

Kompilieren und Starten können Sie Ihr Programm über die Menü-Option **Start → Start** (Funktionstaste **F9** oder die grüne Pfeiltaste). Übersetzt wird das Programm nur, wenn es keine syntaktischen Fehler enthält. An die Fehlermeldungen muss man sich erst gewöhnen bzw. Sie müssen lernen, die Fehlermeldungen zu interpretieren.

Hinweis: Bauen Sie in einem syntaktisch einwandfreien Programm selbst Fehler ein, um zu erfahren, mit welcher Meldung der Compiler reagiert.

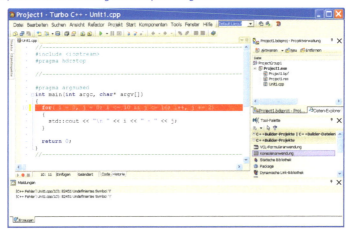

Ist das Programm syntaktisch in Ordnung bietet der Editor auch hier die Möglichkeit Haltepunkte für den Debugging-Modus zu setzen, indem Sie mit der Maus auf den linken grauen Rand des Editor-Fensters klicken. Es erscheint dann dort ein kleiner roter Punkt.

Nachfolgend kommen Sie wiederum mit Klick auf **Start → Start** (Funktionstaste **F9** oder die grüne Pfeiltaste) in den Debugging-Modus. Die IDE unterbricht die Ausführung des Programms dann zu Beginn der Zeile, in der der Haltepunkt gesetzt wurde. Über die Menü-Option **Ansicht → Debug-Fenster** haben Sie dann bspw. die Möglichkeit, sich die Inhalte der lokalen Variablen anzusehen.

Im Debug-Modus können Sie schrittweise durch das Programm gehen (Funktionstasten F7 und F8) und so die Abarbeitung und Variablenbelegung kontrollieren. Auf diese Art und Weise ist es möglich, logische Fehler (Laufzeit-Fehler) im Programm zu finden.

Beenden lässt sich der Debug-Modus mit der Menü-Option **Start → Programm abbrechen** (Funktionstaste Strg+F2 oder Tool-Button mit rotem Punkt).

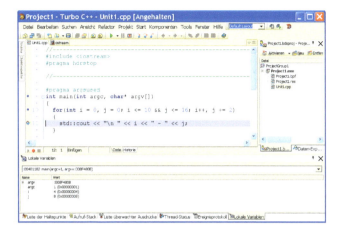

Schauen Sie auch in die Hilfe. Sie finden hier viele Anregungen. Die Beschreibungen sind nicht durchgängig in deutscher Sprache. Die für Turbo-C++ und C++-Builder relevanten Eintragungen finden Sie meistens unter dem Speicherort (s. Hilfe) „Developer Studio 2006 Konzepte".

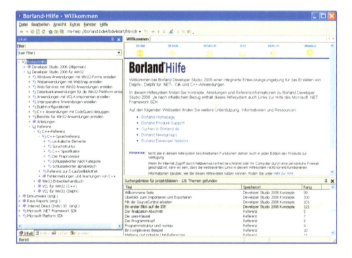

Literatur:

[Wil2008]   Willms, André: Einstieg in Visual C++ 2008.- Galileo Computing.- Bonn 2008

[Saa2010]   Algorithmen und Datenstrukturen.- dpunkt.verlag.- Heidelberg 2010

Online-Quellen:

[WOLF_C]   http://openbook.rheinwerk-verlag.de/c_von_a_bis_z/

[WILLEM]   http://www.willemer.de/informatik/

[CPLUSPL]   www.c-plusplus.net

[WIKIPED]   Bezug zur Online-Bibliothek von http://de.wikipedia.org/

[CPPTUT]   http://www.cpp-tutor.de

[MAGCPP]   http://magazin.c-plusplus.net/artikel/Pointer in C(PlusPlus)

www.ingramcontent.com/pod-product-compliance
Lightning Source LLC
Chambersburg PA
CBHW041141050326
40689CB00001B/436